HABLANDO CON CABALLOS

ExLibric

LULA BAENA

HABLANDO CON CABALLOS

EXLIBRIC
ANTEQUERA 2023

HABLANDO CON CABALLOS
© Lula Baena
Diseño de portada: Dpto. de Diseño Gráfico Exlibric

Iª edición

© ExLibric, 2023.

Editado por: ExLibric
c/ Cueva de Viera, 2, Local 3
Centro Negocios CADI
29200 Antequera (Málaga)
Teléfono: 952 70 60 04
Fax: 952 84 55 03
Correo electrónico: exlibric@exlibric.com
Internet: www.exlibric.com

ISBN: 978-84-10076-36-5
Depósito Legal: MA 1809-2023

Impresión: PODiPrint
Impreso en Andalucía – España

Nota de la editorial: ExLibric pertenece a Innovación y Cualificación S. L.

LULA BAENA

HABLANDO CON CABALLOS

—¡*Ah*! ¿*Tú eres de esas personas que susurran a los caballos?*
—*No, son ellos los que me susurran…*

Índice

Introducción

Este conjunto de títulos, subtítulos y párrafos no pretende ser más que un intento de dar forma, más o menos estructurada, a un tema y una práctica profesional, que, si bien está cada vez más enraizada y por la que aumenta el interés de usuarios y profesionales, no deja de ser un «oficio» al que aún le queda mucho trayecto hasta llegar a convertirse en una profesión social y académicamente reconocida.

Hablaba una de mis maestras del «pensamiento catedral»: cuando los constructores y arquitectos del pasado iniciaban la construcción de una catedral, eran conscientes de que no llegarían a verla concluida, pero no dejaban de poner piedras, no dejaban de visualizarla, no dejaban de soñarla…

Parto de la base de que mi deseo es compartir conocimientos y experiencias, deseos, fantasías y realidades aún sin contrastar, simplemente aportar algo, y sólo por si a alguien le sirve. Por eso, para empezar quisiera plantear algunas reflexiones.

No cabe duda de que hay sobre la palestra un montón de debates, orientaciones que, como los icebergs, por el momento apenas asoman una pequeña parte de sus dimensiones a la superficie, y respecto a los cuales cada uno tiene su propio discurso, indudablemente teñidos de egos, los necesarios para poder afianzarse en lo que uno cree, y repercutidos por las necesidades más comunes.

Si uno de los puntales de la práctica profesional con caballos es facilitar la toma de consciencia individual, no podemos por menos que plantearnos el ser conscientes de dónde estamos, y si repasamos, aunque no sea más que por encima, la trayectoria de cualquiera de las Intervenciones Asistidas con Caballos «pie a tierra»[1], en cualquiera de sus especialidades, Psicoterapia Asistida con Equinos, Aprendizaje Asistido con Equinos y *Coaching* Asistido por Caballos[2], podemos apreciar que están simplemente en los inicios. Hemos llegado a escuchar aquello de que son «oficios emergentes». Por lo tanto, y es mi convencimiento, estamos creando una profesión —espero no repetir mucho esta frase—.

Uno de los elementos fundamentales que intervienen en el éxito de los procesos de PAE, AEE y CAC es lograr que la persona[3] adquiera un alto grado de consciencia desde la sinceridad y la honestidad consigo mismo —cosa nada fácil—. No podemos por menos que ser sinceros en el análisis del contexto en el que nos movemos, reconocer aquellos factores que inciden directamente en nuestra actividad, y por no mencionar más que aquellos que nos parecen indiscutibles, podemos hablar de nuestro propio ego y nuestras necesidades, la de ganar dinero, reconocimiento y valoración social (profesional), por ejemplo, o la necesidad de hacernos con el mercado y un hueco en el reconocimiento, como poco.

---

[1] En lo sucesivo, IAC «pie a tierra».
[2] De ahora en adelante, PAE, AAE y CAC, respectivamente.
[3] Hablaremos de «personas» refiriéndonos a cliente, paciente, usuario, beneficiario, etc. de las IAC, ya que la nomenclatura que se utiliza para referirnos a las personas con las que trabajamos sólo depende del contexto y el referente/entorno profesional en el que se utilicen.

Un paseo previo

Hace apenas unos días, en Navarra, rodeada de amigos, cómplices y buena gente, me he reencontrado con la primera vivencia que tuve con los caballos —estaba oculta entre las vivencias más recientes—. Visualicé desde el corazón el primer caballo de mi vida. No debíamos de tener más de tres años, y mi madre nos llevaba a cortar el pelo a la vuelta de la esquina de nuestra casa de Madrid. Allí nos subían a un caballito/silla que nos distraía de los temores frente a la tijera y al peluquero de gesto adusto —eso supongo, eso me vino a la memoria de la sensación—. Aquel caballo/silla siempre me atrajo, me encantaba mirarlo a través del escaparate. Era de madera con una silla de color rojo de la que se balanceaban multitud de abalorios de colores. Sólo he podido recordar su sonrisa pintada, la sensación de balanceo y el sonido como de cascabeles... Desde que puedo decidir cómo llevar el pelo, lo llevo corto. Hilo y... ¿será casualidad?

Aunque nací en 1958, hasta 1979 no sentí que hice lo que consideré la primera cosa importante en mi vida. Viajé a Pretoria (Sudáfrica) para aprender inglés. Así era mi padre: «Nada de Londres, que está lleno de españoles». Y aprendí inglés, pero no sólo tuve la oportunidad de coexistir con el *apartheid* en primera persona. Nunca olvidaré aquel cartel en monumentos y centros oficiales: «*Monday for non white people only*». Tuve la oportunidad de visitar Soweto y recuerdo cómo me preguntaban por ETA con espanto. Visité los laboratorios de experimentación animal de la Facultad de Medicina, y sentí sobre mi piel las miradas de los primates en sus jaulas... Cuando Mandela fue excarcelado en 1990, simplemente gimoteé pensando en un «¡por fin!».

Esas experiencias fueron aderezadas por otra de insólita potencia. Viví durante aproximadamente un mes en el Kruger National Park, donde, al salir de la zona de seguridad, lo primero que hacían era pender un rifle de tu hombro: «*Welcome to the bush, Lula*». Allí aprendí que rebautizaban a las personas de color que trabajaban para los blancos con los nombres de las distintas partes del cuerpo: *Face, Hand, Ear...* Y también tuve la oportunidad de convivir algunos días en un árbol sobre un abrevadero para poder saborear la sensación de vivir la naturaleza en su más puro estado.

Viví la caza de una jirafa por una pareja de leonas y cómo se tuvo que sacrificar a la cría de la jirafa. Las hienas manchadas en plena noche... Si hay algo atronador en la noche, no es la oscuridad, son los gemidos cortando el silencio. Aprendí lo que es el «desconcierto». Una noche, armada con mi linterna, salí a dar un paseo y me quedé sorprendida al iluminar tres ojos. ¡Qué recelo! Dos búfalos que venían a beber al arroyo y uno, pobre, era tuerto.

Impresionante fue admitir la caza del antílope africano, el kudú, compensada por la sonrisa, que me cautivaba, de la gente de color, su amabilidad y su cuidado. Pero allí no había caballos, no, o yo no los conocí...

Cuando allá por 1982 acabé la carrera, me licencié, compré una bicicleta, una maravillosa Orbea de color blanco, para ir al hospital. Nos metimos en la tesis: «Psicoprofilaxis quirúrgica en traumatología infantil». En el hospital, la Ciudad Sanitaria

Francisco Franco, hoy Hospital General Universitario Gregorio Marañón, nos iniciamos por un «enchufe» de mi padre —médico oncólogo—. Nunca supe cómo logró, pero lo imagino: «Oye, fulanito, mira, que la chica quiere hacer la tesis con una compañera, que si les dais cabida, si en principio sólo van a observar...». Acabamos con bata y con despacho.

Durante dos años fui y volví en bicicleta a diario, trece kilómetros atravesando El Retiro, el rato más inusitado del trayecto, que nunca era igual. Pero no es eso lo importante. Aquel quehacer me absorbía, me encantaba, me satisfacía en extremo.

En una ocasión vino a verme un amigo que empezaba como periodista en un medio de ámbito nacional. Quería hacer un reportaje de nuestro trabajo. Al llegar, yo andaba liada con una madre cuyo bebé tenía una luxación de cadera y estaba escayolado de cintura para abajo. Ella me preguntaba: «¿Y cómo lo cojo si está duro y frío?». Hice esperar a mi amigo hasta que logramos que la madre meciese a su bebé a pesar de la dureza y frialdad de la escayola.

Salí, desenganché la bici de su árbol y me dispuse a pedalear camino a casa. A mitad de camino me di cuenta de que me había dejado a Carlitos, el periodista amigo, esperando. Lo encontré sentado en un banco, repleto de paciencia, destilando respeto. Ese gran amigo murió pocos años después en un accidente aéreo haciendo un reportaje, pero no sé si llegó a salir en las noticias —el silencio—.

Nos echaron del hospital por razones laborales: «No podéis seguir viniendo más, porque podríais tener derecho a reclamar un puesto de trabajo». Creo, en serio, que esa fue mi primera experiencia sindical; perdimos la batalla. Ya estábamos en 1984. La tesis no se pudo acabar y yo seguía con mi bicicleta. Mi primer paro, ¿o debería decir parón?

Ese mismo año, tras el revolcón y la pérdida de expectativas, me llamaron de «mi» colegio, aquel en el que me había educado, aquel en el que había hecho teatro como extraescolar y en el que me era imposible entender la métrica de la poesía o el enigmático griego. Aquel en el que lo que me apasionaba eran las clases de modelado —meter las manos en el barro y crear—, y en el que mi profesor de Filosofía (don José) me llamaba Platón, aquel en el que la primera vez que me llevaron a dirección fue por arrancar una hoja de un árbol. Allí donde había pasado los años más penosos y maravillosos de mi vida.

Una entrevista con la directora:

—Oye, vente por aquí, que hablamos. Verás, necesitamos una persona que se haga cargo de la biblioteca, que hay que cubrir una baja prolongada y hemos pensado que tú…

—Vale, Pepa, pero yo no sé nada de bibliotecas, excepto usarlas. Soy psicóloga.

—¡Ahhh! Ya, bueno, no importa. Seguro que te apañas…

El mismo despacho en el que me embroncaron la primera vez era ahora aquel en el que me acogían. ¿Casualidad?

De aquel colegio, no sólo salimos mis hermanos y yo, salió un nuevo compañero de vida: Fusco, pequeño como un granito de arena y negro como la pez, que nos cortejó durante diecisiete años, y acabó siendo el compañero de mi abuela, que, por cierto, no quería perros. Aún conservo muy viva la imagen de los dos en el sofá viendo la tele.

Empecé el 15 de noviembre de 1984 a sustituir a una compañera que no conocía —María Jesús, la bibliotecaria— y que, cuando conocí, ay, resultó que había sido diagnosticada de meningitis por mi propio padre. ¡Qué casualidad!

Ese mismo año me independicé. En plena movida madrileña, fui a recalar en Lavapiés, en un 4º sin ascensor. Evoco ahora al viejo profesor Tierno Galván y sus bandos, virtuoso de la lengua y la vida:

«… viene muy a propósito todo cuanto antecede si consideramos el descuido, si no malicia, con que muchos vecinos dejan coches y carricoches en el lugar que mejor les peta, sin mirar si es recodo, rincón, esquina o entrada de zaguán, con razón prohibidos por el Concejo (…). Adviértase también por el presente Bando que algunas calles y plazas de la parte más antigua de Madrid, que llaman de los Austrias, se están convirtiendo en plazas y calles de sólo andar, que en tiempos de incuria y atrevimiento dieron en llamar peatonales, para que sin perjuicio de hacer más fácil el tránsito de quienes por ella discurren, los vecinos huelguen y en honesta ociosidad disfruten de tertulias, corros y mentideros, a los que tan aficionados son los moradores de esta Villa (…). Apercíbase también por el presente Bando al vecindario de esta ilustre Corte y Villa que por la aplicación de la sagaz industria de la grúa, que permite transportar un coche a cuestas de otro, ingenioso método que los madrileños odian, se retirarán de la vía pública, con implacable rigor, cuantos medios mecánicos de traslación o transporte estorben el ordenado transcurrir de los discretos vecinos de esta ciudad por sus calles…».

Cuando la bibliotecaria —mi compañera desconocida— se restableció y pudo volver a trabajar, sentí un poco el vértigo causado por la perspectiva de vacío, pero no por quedarme sin trabajo, sino por dejar de disfrutar y convivir.

Me entristecí antes de tiempo, aún no sabía vivir el «aquí y ahora». Cuando volví al despacho de dirección, esperando el despido, me plantearon continuar. Cuáles no serían mis destrezas, que me propusieron el puesto de responsable de actividades extraescolares. Cambiaba todo, el sueldo, los horarios, la disponibilidad... Pero dije «sí» y ahí comenzaron algunos de los mejores años de mi vida, siete exactamente.

Los viernes y sábados, finalizado el horario escolar, el colegio seguía repleto de alumnos y alumnas. La sensación era de colmena y el sonido de enjambre: deportes, atletismo, teatro, fotografía, informática, coro... Mi centro de operaciones estaba en el aula de informática. Así, de paso, vigilaba a los que a ella asistían. Pronto, y no recuerdo cómo, nos propusimos hacer un periódico escolar: *El Kaos*, de tirada trimestral, y pronto rebosó aquella aula, si cabe aún más, no por los ordenadores, sino por la creatividad y las ganas de expresar que rezumaban aquellas personitas.

Un buen día apareció Malik. La habían encontrado hurgando en la basura en busca de comida. Yo no me quería implicar y, sin darme cuenta, me encontré en secretaría con aquel pequeño ser de color canela y orejas descomunales, descansando sobre el sofá rojo, confiada y mirándome. No quería mirarla porque sabía que, si nuestras miradas coincidían, no habría escapatoria, pero me encontré cediendo a la presión sin resistencia. Hicieron una colecta para el veterinario y la mirada tierna de la perra se imprimió en la mirada de todos los humanos que rodearon el complot. Esa perra estuvo a mi lado durante trece años, participando incluso en mi trabajo, porque me dieron autorización para llevarla al centro. Nos acompañó a los campamentos, hizo de modelo en el curso de fotografía...

En realidad, en ese colegio siempre hubo animales: perros, loros, pájaros… Recuerdo que también compartía con nosotros los recreos la mona Virginia. Virginia tenía su árbol en el jardín, tenía su zona privada. Ella se encargaba de recordarnos de dónde veníamos.

Desde que Virginia murió, la broma era que todas las albóndigas que comíamos en el colegio eran la consecuencia de su fallecimiento, hasta que un día pensé que era imposible que tal cantidad de carne procediera de un ser tan pequeño. Se acabó la broma.

En 1988 Malik y yo nos mudamos a vivir a un pueblecito a las afueras de Madrid; encontramos un alquiler que podíamos pagar, y un día, cuando estaba en la labor de pintar la casa, una vecina me avisó de que el Ayuntamiento contrataba psicólogas. Rebusqué entre las cajas y encontré el ansiado currículum. Lo presenté, era un concurso de méritos: «Por probar no se pierde nada, el "no" ya lo tengo», pensé. Allá que fui disfrazada de pintora con el currículum bajo del brazo.

Desde 1988 a 1992 trabajé a media jornada compatibilizando el colegio y el Ayuntamiento. Me debatía entre lo creativo, lo lúdico y las realidades más ásperas que se puedan imaginar; el ser humano en estado puro.

Interrumpiendo el fluir de mi quehacer, una inoportuna operación en 1991 me mantuvo al margen de la vida más de seis meses. Era la segunda vez que hurgaban en mis entrañas en menos de dos años. En el mismo hospital al que iba en bicicleta. ¿Casualidad?

En 1992 me nombraron responsable de Servicios Sociales del Ayuntamiento. Eso incluía la jornada completa y el reto de dejar de trabajar en el colegio. Me costó hacerme a la idea de que no volvería a trabajar con aquellas personitas cargadas de futuro.

Un año más tarde volví a hacer algo que sentí era la segunda cosa importante que hacía en mi vida. Nos compramos tres hectáreas de terreno en Pastrana (Guadalajara), un lugar privilegiado en el que no había ni agua ni luz, y construimos una casa de madera. En el pueblo nos llamaban «los de extramuros».

Mi padre preguntaba qué iba a hacer con eso. «No sé, papá, creo que he comprado simplemente una posibilidad». Fueron seis años intensos de aventura —que algunos calificaban de inconsciente—.

«Aprender a querer la vida, cuando la vida hace daño. He ahí el viejo secreto, aprender» (Lluís Llach).

Allí aprendí a hacer cemento, fontanería, tiro al arco (sólo un poco); aprendí a moverme con suavidad si quería disfrutar observando jabalíes y de un amigo del amanecer, un zorrillo que venía a visitarnos; aprendí a moverme con coraje si quería mover rocalla, a integrar un tiempo distinto como posible —aún no le había puesto nombre, simplemente era otro, hoy «tiempo caballo»—. Aprendí lo que son las ganas de matar: un agosto, a cuarenta y cinco grados, tuve ganas de matar por agua y aprendí a robarla; aprendí que el teorema de Pitágoras sirve para algo y me impregné del síndrome de Diógenes: todo, absolutamente todo, servía para algo. Y, desde luego, aprendí que es inútil poner vallas al campo.

Por allí apareció el primer caballo cercano a mi vida —uno de verdad—. Unos vecinos de finca y amigos nos lo presentaron y, si he de ser sincera, me encantó, pero no le hice mucho caso. La verdad es que entonces no sabía lo que era el «simplemente estar» y andaba con la cabeza llena de proyectos y objetivos.

Allí, ayudé a criar un corderito, Norit de nombre, que saltaba de alegría cuando veía el biberón. Un día de fiesta, engañada, claro, nos lo comimos. Sentí una especial repugnancia cuando pregunté: «Por cierto, ¿dónde está Norit?». Percibí un denso silencio entre los comensales y, sobre todo, descubrí mi especial incapacidad de perdonar la traición. Descubrí que, al ponerles nombre, dejamos de cosificar a los animales, con todo lo que eso implica.

También asistí al parto de una gata y la indeleble línea que separa la vida de la muerte: «Sólo le dejaremos una cría».

Aprendí hasta que volvió a llegar la muerte, el silencio. Nuestro vecino Carlos se electrocutó allí mismo, a la entrada de las fincas intentando arreglar un transformador, y aquello me alentó a dejar de aprender tan ásperamente durante un tiempo. Otra casualidad: se llamaba igual que mi amigo el periodista y mi hermano el mayor.

A la realización de cualquier deseo no puedes meterle prisa, los deseos —que ahora los llamamos objetivos— tienen su ritmo propio.

En ese ínterin seguía trabajando en el Ayuntamiento de lunes a viernes y vivía en Pastrana de viernes a domingo. Allí aprendí de la gata un ritmo diferente, se desaparece a las horas de calor, y de mi perra aprendí a confiar un poco más en la intuición: la perra Malik le mordía textualmente los testículos al tipo que nos surtía de madera y que, a la larga, nos timó un millón de pesetas en el material contratado.

En 1994, mis padres estaban de viaje de descanso en Murcia en casa de unos amigos, y un día, uno cualquiera, que acabó siendo vital, mi hermano Javier me llamó a altas horas de la madrugada diciendo: «Papá ha sido ingresado, está pendiente de una operación a vida o muerte por un aneurisma de aorta. Carlos y yo nos vamos, ya te iremos contando. Tú quédate pendiente de la abuela».

Una vez más, la lucha de género. Durante mucho tiempo me consideré feminista. Con el tiempo me declaro más abolicionista[4], que es otra cosa.

A eso de las cuatro de la madrugada, después de una ducha, sabiendo que mi abuela estaba controlada y sin decir ni consultar nada a nadie, agarré el camino adelante y marché a Murcia. No sabía a dónde iba, sólo sabía que mi padre estaba allí, al borde del silencio… Un lugar ignoto para mí —había leído que allí se cultivaban alcachofas, planta fea y de flor exquisita donde las haya—, desconocido hasta que resultó ser vital. Algo me empujó a ir, a conducir, a acercarme…

Durante el trayecto, creí haber tenido una visión, sentí cómo me estrellaba contra un camión. Fue un sueño, pero la sensación fue tan fuerte que recuperé la vigilia con estupor y fuerza.

A la mañana, operaban a mi padre a vida o muerte y, casi sin dormir, tuve la oportunidad de estar con él en el prequirófano y contemplar su última mirada, acompañada de palabras: «Hija, haz lo que tengas que hacer, pero siempre con honestidad». Sólo fueron un par de minutos, pero no hizo falta más.

Después apareció el cura del hospital y escuché sus últimas palabras: «Venga, padre, no se entretenga mucho conmigo, que yo estoy preparado y aquí debe tener mucho trabajo».

---

[4]   El abolicionismo es una doctrina que propugna la anulación de leyes, preceptos o costumbres que se consideran atentatorios a principios éticos y morales.

Una semana duró aquel encierro hospitalario con las visitas tasadas a la UCI. Hice una única salida para comprarme ropa, había ido con lo puesto. Es de ahí de donde vienen los colores de Hablando Con Caballos™: un pantalón gris, una sudadera amarilla y zapatillas de deporte blancas. ¿Casualidad?

No volví a escuchar su voz, ni a sentir su gesto. Otra vez el silencio… Volví a acariciarlo un domingo, frío en una bolsa de plástico, casi sin poder reconocerlo.

Las cenizas de mi padre fueron esparcidas en el puerto de Navacerrada. Hoy trabajo con la manada en Ortigosa del Monte. En línea recta y equidistante entre los dos lugares se encuentra la sierra de la Mujer Muerta. ¿Casualidad?

El 21 de enero de 1997, a eso de las tres de la tarde, en el Ayuntamiento me notifican un despido por impuntual. Era una notificación extensa en la que se especificaban los horarios de entrada a mi puesto de trabajo con intervalos de entre seis y diez minutos de retraso durante todos los días de un año entero. Las fichas eran de cartón y lo automatizado era simplemente que, si fichabas cinco minutos más allá de la hora de entrada, se reflejaba en tinta roja.

Recuerdo que lo primero que pensé fue a qué pobre compañero/a le habría tocado realizar semejante relación. Lo siguiente me concilió con la realidad: «Aquí pone que hoy no debería haber trabajado». Después, simplemente salieron de mi garganta un montón de exabruptos. El alcalde que por aquel entonces firmaba el decreto de despido era uno cuyo apellido coincidía con el de un ínclito inquisidor.

Juro por lo más sagrado que no sé qué me movió a hacerlo, pero, decreto en mano, al día siguiente llegué puntual —eso sí, no fiché; ni pronto, ni puntual, ni tarde— y me senté en mi despacho a custodiar mis expedientes. Claro, a los pocos minutos llegó el señor secretario del Ayuntamiento: «Pero, doña Lourdes —así es como siempre me llamaba—, ¿qué hace usted aquí, no ha leído el decreto?». «Sí, don Francisco, pero verá, el secreto profesional, mi obligación de custodia… ¿Ve usted todos esos ficheros llenos de expedientes? Pues no me puedo ir si ellos no salen por delante». «Pero…», y mira el entorno, «pero es que esto es mucho…». «Ya, pero tengo la furgoneta ahí fuera en la puerta; si me ayudan, los sacamos y me voy». «Pero, doña Lourdes, esto son expedientes municipales…». «No, don Francisco, los informes emitidos o recibidos tienen registro de entrada o salida con copia. Lo que hay aquí son mis notas de consulta, con datos de especial confidencialidad y obligación de protección por mi parte». Y así una hora, dos, tres. Llamaron al interventor, al concejal, idas y venidas… La administración en busca de una solución que permitiera cumplir el decretazo y una humilde trabajadora sin levantarse de la silla.

«A ver qué le parece esto, doña Lourdes…». Me cautivaba don Francisco: «Vamos a hacer una cosa. Para que usted no transgreda nada y el decreto pueda llevarse a efecto sin tener que tomar medidas más drásticas, vamos a lacrar la cerradura de su despacho para que nadie tenga acceso y, una vez se resuelva esto, supongo que en los tribunales, actuamos…». Todavía guardo como oro en paño aquel trocito de lacre rojo que yo misma quemé.

¿A que parece que me lo he inventado? Pues no, es tan real como que tengo huesos y que veo mal. En poco tiempo estaba sentada en el sofá de mi casa —otra vez la sensación de vacío y de silencio; ya hablaba con ella, con la sensación, aunque la apariencia era la de hablar sola—, con una lista de unos veinte abogados recomendados. Pero algo —la intuición, tal vez— me dijo «no», nadie que tenga nada que ver con este municipio; creo que es la vez que más sola me he sentido.

Y fui a parar a manos de, para mí, una de las mejores personas (abogado) del mundo. Era un motero que abrazaba, un Luis como mi padre. Pero en aquel momento yo sólo podía pensar: «¿Es que todo el mundo se tiene que llamar igual?». ¿Casualidad?

Aquel hombre de mirada limpia y sonrisa apacible, de cercanía clara, organizó la representación. Me dijo: «Yo soy el director de la obra, tú sólo dame datos, el guion».

Durante casi seis meses, se corrió la voz: «Han despedido a la psicóloga del área de la mujer», y surge el germen, supongo, de las firmas —yo hoy lo firmo casi todo—. Empiezan a llegar copias de cartas con registro de entrada del Ayuntamiento emitidas por un interminable número de asociaciones, particulares, personas... Las tengo todas guardadas, pero recuerdo que una de las que más me impactó era de la Asociación de Prostitutas del barrio x. En una situación más que difícil mi «yo» se sintió arropado, pasase lo que pasase.

Cuando me reincorporé, la concejala de turno quiso entregarme la carpeta con todas las entradas que había habido: «Creo que esto es tuyo», me dijo, y me permití el lujo y orgullo humano de responder: «No, gracias, no me hace falta, tengo copia de todas, esas son suyas». Por algo parecido a esto me dio mi padre mi primer cachete. ¡Qué casualidad!

La improvisada organización había sido increíble y siempre pensé que no fue sólo por mí, sino porque habían cometido la torpeza de arremeter contra un servicio: habían atentado contra la vulnerabilidad de las personas y las personas no siempre se conforman, en ocasiones hablan… Los jueves por la tarde había pleno y las mujeres decidieron convocar todos los jueves una pitada en la plaza del municipio, a la entrada del salón de plenos, para reivindicar mi readmisión. Los pitos se hicieron célebres, a pesar de que mi abogado —ese buen Luis— no me dejaba bajar a la plaza por razones del guion; yo todavía tengo el mío.

La noticia salió en una publicación de ámbito comarcal, se representó en los carnavales de aquel año con un ataúd rodeado de mujeres vestidas de negro y un epitafio escrito en él: «Ha muerto el área de la mujer», y yo mientras en mi casa, sentada en el sofá y a la espera.

En aquel momento no había Internet; móviles no recuerdo, yo no tenía, pero había teléfono fijo y, desde luego, actitud.

Lo que motivó el despido fue un informe que remitimos una trabajadora social y yo a la concejalía advirtiendo del aumento detectado de las situaciones de abuso y maltrato a mujeres en el municipio, solicitando que se pusieran las medidas para poder atender las demandas.

Habíamos puesto sobre la mesa un grave problema en un municipio que pretendía ser modélico. Nuestro interés y preocupación eran los individuos (las mujeres y sus hijos) y el suyo era la imagen, atraer más población para crecer y conquistar riqueza.

Al reincorporarme, el primer evento profesional fue una reunión a solas con un personaje que textualmente me expuso: «Me han puesto aquí para que, como muevas un solo dedo, te despelleje viva», y como no me gustó nada la imagen, ni la sensación y por aquello de blindarme un poco, me inicié en las tareas sindicales, procurando no mover demasiado los dedos.

Empecé a estudiar el *mobbing* (Iñaki Piñuel y Zabala), salud laboral de la que me hice delegada (un poco más experta) y a aprender a gestionar las observaciones y transformarlas en informes. Era más de lo mismo: el maltrato ejercido en el ámbito laboral y desempeñado no por una persona, sino por tu contratador, que no deja de ser una especie de pareja, expresado no en palizas o golpes, sino sutilmente aplicado con buenas palabras, de resultado incalificable y penetrante.

En 1998, el 11 de enero, muere mi madre (yo tenía treinta y nueve años) en Canarias. Mi madre murió ahogada. Un inexplicable acontecimiento. Pudiendo haberme entretenido en los detalles, especialmente los jurídicos, concluí que lo único importante volvía a ser el silencio, la ausencia, que no toleraba control alguno. Algunas cosas simplemente eran, irrumpían, silenciaban la posibilidad. Ya no podría volver a llamar para preguntar cómo era aquella receta, ni escuchar su simple «a ojo» o el «según veas». Ya no podría volver a cuestionar sus reproches o su falta de empatía. Ya no volvería a sentirme bien participando de sus aventuras con aparente ausencia de sentido común.

Era una buena mujer, pero no sabía expresarlo, no sabía cómo compartirlo. De ella viene el «buena gente» que utilizo con frecuencia.

He de reconocer que, aún a estas alturas, no soy capaz de recomponer del todo mi conflictiva relación con ella. Mi sensación es que siempre quiso que fuera lo que no soy. Sé que, si pudiera disfrutarlo, estaría orgullosa de lo que soy, pero seguiría peleando entre su deseo y mi realidad. Madre, es lo que nos tocó y que no supimos negociar ni gestionar. Te pido mis disculpas, tal vez tarde, cuando puedo.

Y nunca me encajó tener que decirle a una mujer que su única hija había muerto.

En agosto de 1999, año en el que debía haberse acabado el mundo, resulta que seguía en mi puesto de trabajo y me promueven a la dirección de Servicios Sociales desde un nuevo equipo de gobierno municipal —de tinte político distinto—, resultado de las elecciones municipales de aquel año. Nuevamente, pero en esta ocasión con sensación de apoyo, confianza y cierta complicidad.

Me hice cargo con una sola condición: si no había pizarra, no aceptaba el puesto. Llevábamos años solicitando una pizarra en Servicios Sociales y no había habido forma de lograrlo. Esta vez sí.

En una de las reuniones semanales que teníamos todo el equipo, escribí en la pizarra: «Asciugatutto spigo», retando al equipo a descubrir qué era aquello. Tardaron más de un mes en descubrirlo, era la marca del papel higiénico. Así que el área de mejora era la observación.

En 2001 dimito como directora de Servicios Sociales; el desencadenante fue el suicidio de una mujer y las actuaciones que nos pedían acometer desde el ámbito político y, desde luego, técnicamente inaceptables, lo que evidencié en mi carta de dimisión: «Baena, eso no se escribe, ¿no conoces el glorioso "por razones personales"?».

Y aparece Malta, una labradora amarilla. Fue una decisión, un compromiso, un regalo de la vida y mi pareja. Estuvo a nuestro lado en todo y siempre. Cuando fuimos a buscarla a la escuela de perros guía de la ONCE, aquello era un tanque de cuarenta y cinco kilos de peso y una tonelada de afecto. Y a mí se me escapó: «Pero es que es enorme», y recibí la respuesta que me puso en mi lugar: «Si ya tenemos una "gordita" en casa, ¿por qué no dos?». Mi suegra la aceptó reclamando: «Vale, pero decidle que no me quiera». Con el tiempo le acabó poniendo las paellas para que rebañara los restos y hubimos de adiestrarla a ella, a mi suegra, que no a la perra.

Un nuevo destino: técnica de Cooperación al Desarrollo —en aquel momento el famosísimo «0,7»—. Pedí formarme y me hice más experta. Aquel fue uno de los peores castigos laborales que he recibido: trabajar sola.

Y en 2002 me diagnostican un colon irritable. Pero, en realidad, la que estaba irritada era toda yo, irritada con la vida, irritada con mis limitaciones que aún no había aprendido a integrar, a aceptar.

En 1982 se bautiza oficialmente el SIDA, y en 2002 empezamos a ver los primeros casos en aquel pequeño municipio, curiosamente, en mujeres heterosexuales. Recuerdo dos casos especialmente, de una de ellas aún conservo una planta que me regaló y que se llama como ella: Mari Mar. Le estoy buscando nuevo domicilio, que su exuberancia me está dejando sin patio.

En 2003, el 26 de marzo, muere mi abuela, doña Concha (yo tenía cuarenta y cinco años), en Madrid. Ella siempre me había dicho que no quería morirse estando sola. Y cuando los médicos nos dijeron que en cualquier momento podía fallecer, yo decidí dormir con ella, que no le llegase el silencio en soledad, pero no hubo manera. Murió una tarde, justo antes de que yo llegara. Es como que la muerte —el silencio— no daba tregua, como que no consentía el descanso deseado y necesitado.

Nuevas elecciones municipales en 2003. Se acaba la Cooperación al Desarrollo por problemas presupuestarios y vuelvo a ser psicóloga de Servicios Sociales. Y reanudo el trabajo con los grupos de mujeres maltratadas. «Vuelta la burra al trigo». Y era tal la presión, que reinicio mi psicoterapia. Ahora me debatía entre las miserias de las personas que atendía y las mías propias.

A trancas y barrancas, fui tirando, y en 2006 me propone el nuevo alcalde adscribirme a Recursos Humanos, para lo que pensé debía, entre otras cosas, abandonar mi actividad sindical. Me pareció de intrínseca honestidad hacerlo y formarme, y me hice más experta, si cabe, en mis ratos libres, ahora en Recursos Humanos.

En cuestión de dos años acometimos los procesos selectivos necesarios para estabilizar al 40 % de la plantilla municipal.

Al poco tiempo se inicia una apertura de expediente, porque autoricé que una compañera realizara la reducción de la jornada laboral por maternidad, a la que tenía derecho, los días en que su marido tenía guardias; era bombero de la CAM. Cuadraban las horas a la perfección, pero el jurídico argumentaba que la reducción de jornada hay que disfrutarla en la jornada y no por cómputo anual. Así es el mundo que hemos construido, rígido, imperturbable, desenfocado.

Cambió la legislatura en 2007, cambió el color del equipo de gobierno y ante mi asombro yo seguí en mi mesa como técnica de Recursos Humanos. Pero ya no fue lo mismo. Andaba sin blindaje, se enrareció la confianza, se corrompieron los olores, se impregnó el aire de temor y rencores viejos. Empezó una angustiosa época, no me entraba en la cabeza que me levantase despotricando desde las seis de la mañana. Ya no me reía, no disfrutaba, no me emocionaba, no jugaba, no sentía…

Acabé en Salud Mental, supongo que por aquello de que «en casa del herrero, cuchillo de palo», y desayunando café y pastillas de muy diversos colores.

Un día un compañero y buen amigo me preguntó si lo acompañaba a ver hípicas. Resultó que sus padres dejaban de vivir en el pueblo y quería buscar un sitio para llevar a su yegua. «Claro que te acompañaré». Trajo a su yegua, Vera, a la vuelta de la esquina de mi casa. Cuando vi a aquel animal por primera vez, yo no sabía nada de caballos, nada de nada. Bueno, sabía que eran grandes, que corrían, que daban coces, que la gente se subía encima y que eran bellos.

Llegó Vera al vecindario de mi vida y mis relaciones. «Emi, no te preocupes, que todo irá bien. Tu yegua ya tiene psicóloga. ¿Podré ir a verla, aunque no estés tú?». Y así empezamos. Las mejores, las más grandes zanahorias del mercado —las del Dia— eran para Vera. Y poco a poco aprendí a sacarla del *box*, a limpiar sus cascos; aprendí a observarla y a intuirla, a cepillarla, pero sobre todo a «estar con ella». Y conocí a la buena gente de aquel establo: humanos, gatos, perros y caballos. Personas y personajes.

Yo sólo era consciente de que lo único que me salía al levantarme era un «voy a ver a Vera». ¿Qué había allí que tanto me aportaba? ¿Qué tenía aquel animal que tanto me ofrecía y reconfortaba?

Vera murió de cólico en 2009, y yo me sentí morir. Otra vez el silencio.

Me llamó Emi un día que habíamos quedado con la familia para una celebración: «Lula...». No le salían las palabras, hasta que lo logró.

No fui a la celebración. Me uní a la ausencia, al silencio. Me fui al hospital veterinario a estar con mi amigo y a despedir a mi amiga. Pedí entrar a verla y me arrodillé y le susurré, besé sus belfos y, desde luego, lloré.

Pero no entendía. ¿Había perdido los papeles, el sentido común, la razón? «Si sólo era un caballo». El dolor era inmenso, como aglutinando todos los dolores del silencio antes vivido.

Simplemente me puse a escribir al llegar a casa:

«Nunca existe el modo exacto de despedirse. Cada uno lo hace como puede; el dicho, en parte, es muy cierto, "el tiempo lo cura todo"; sólo en parte, porque lo que hace el tiempo es alejarte de la intensidad; no cura la herida, no llena el vacío, sólo abruma con lo nuevo, con aquello a lo que has de ir dejando sitio en tu corazón porque todo junto no cabe. Dios nos tenía que haber hecho el corazón más grande. Mira que fue cutre el tío. Y supongo que esta es mi forma de desprenderme, es lo que me sale.

Estos últimos días he ido mucho a verla. Me daba paz, la paz que no me da mi humana existencia, la paz que no me da mi condición de ser pensante, la paz que da la simple y pura sensación, sin palabras que la cristianicen en sentimientos.

Todavía tendrán que pasar un montón de días, o tal vez meses, hasta que el tiempo haga su labor, apocar el dolor y convertirlo en simple recuerdo».

Los días siguientes fueron de desconcierto. Era difícil recomponerse, pero yo no pude dejar de subir al establo y dejarme llevar por su recuerdo y por su tacto, por sus imágenes, por su figura, por la sensación de paz.

Cesarito —el encargado del establo— me observaba y me decía: «*Gefa*, que ya no está, así es la vida». Y bebíamos cerveza, y aprendí a ayudarle con el pienso y las tareas del establo, y empecé a mover caballos y a llevar el tractor. Y seguí observando, viviendo y cargándome de cosas nuevas. El silencio es el que nos ofrece la oportunidad de escuchar.

Empecé a acariciar la idea de tener un caballo, no me conformaba.

En un par de meses, que yo seguía subiendo al establo, César me dijo un día: «Me ha dicho el *Gefe* —el dueño del establo— que te presente a este caballo, es buena gente». Había un «bicho de colorines» en mitad de la pista, entre dos barriles. Entré en la pista temblorosa y le salió un Flehmen[5]. Surgió de entre los barriles y se acercó. La idea se había convertido en posibilidad real y pregunté: «¿Cómo se llama?». César me advirtió: «Comprar un caballo sin montarlo es como casarse sin noviazgo».

Y pagué, cargada de ignorancia, la posibilidad de seguir subiendo a aquel establo, un montón de euros para reubicarme en esta vida. Cambié al médico por este sanador sin bata, y pagué por la posibilidad de sentirme bien y por la quimera de empezar de cero mi propia historia, la que ahora llamo nuestra.

Al poco tiempo, cuando estaba empeñada en aprender a montar, leí algo sobre *Coaching* Asistido con Caballos y saltaron todas las alarmas. Sin pensar demasiado si el agua estaba fría o templada, sin comprobar siquiera si había agua, me tiré a la piscina y ya no hubo forma de pararlo.

Pedí un permiso de un mes sin sueldo para ir a Barcelona a realizar la certificación. Durante la formación en *Coaching* Asistido con Caballos (CAC), tuvimos la oportunidad de realizar ejercicios

---

[5] La reacción de Flehmen es un tipo particular de movimiento en el que los animales retraen sus labios de una forma que hace que parecen estar haciendo una mueca.

personales e individuales, facilitados por nuestros profesores y bajo la atenta observación de nuestros compañeros. Fue durante un mes de noviembre.

Regresé y me inicié en la aventura de las prácticas «pie a tierra» con Silver. Entonces empezaron a mirarme raro: que tenía un caballo y no le daba cuerda; que tenía un caballo y lo paseaba cual perrillo del ramal por la vía pecuaria; que tenía un caballo y pretendía desherrarlo; que tenía un caballo y le mostraba peluches, conos y pelotas; que tenía un caballo y… «Pero ¿tú para qué quieres el caballo?».

Desde el fin de la certificación tuvimos varios meses para realizar las prácticas, y aproveché para empezar a proponer sesiones. Me iba ubicando. Nada de pista, había una especie de *paddock* (un pequeño prado vallado) en el establo retirado de la zona de trabajo, detrás de las edificaciones, y me lo pedí. No estábamos a la vista de todos y había cierta intimidad, no importunábamos para que no nos importunasen.

De aquellas prácticas sin supervisión, hoy diría que «a pelo», podría contar que hubo anécdotas de todo tipo, pero la mejor fue la que me proporcionó chuches gratis y a demanda durante un montón de tiempo. Justo al lado de mi puerta había una tiendita de pan y chucherías, encurtidos y bebidas. Era mi vecina a quien siempre le compraba el pan, y nos echábamos unos minutos de charla. Un día entré y la encontré muy triste y decaída: «Pero ¿qué pasa, Adela, mujer?». Había suspendido el práctico del carnet de conducir y me empezó a contar su impotencia, su frustración; mujer amable de carácter fuerte, no podía soportar la falta de control, como tampoco se permitía un fallo. Le propuse trabajarlo con el caballo antes de la próxima intentona y accedió.

Hicimos una sesión. Bueno, él, Silver, hizo una sesión brillante. Facilitamos que se enfrentara a su humanidad y la aceptara. Se relajó. Su bloqueo no era por haber suspendido, sino por no permitírselo.

A la semana siguiente, después del examen, teníamos chuches a disposición y a demanda: había aprobado.

Empecé a escuchar, decir y casi a creer lo de la «magia» del caballo. Fue entonces cuando descubrí que Silver se había iniciado en su verdadero trabajo: ayudar a las personas.

Si soy sincera, no recuerdo cómo surgió lo de irnos Silver y yo a Gualba. Sé que me contaron que fue un caballo —Tashunka— durante mi examen final de la certificación quien dijo algo al respecto. Y allá que nos fuimos, a trabajar con la manada de Equilibri.

Por aquellas tierras catalanas, durante aquellos meses y en otros lugares mucho antes y después, tuve la oportunidad de conocer y aprender de Lucy Rees, Julia Felton, Kathy Pike, Talia Soldevila, Alex Nyman, Edgar Guerrero, Fernando Noailles, Silvia Martí Korff, Raquel Villares y realizar una nueva certificación, esta vez en el Modelo EAGALA. Conocí a la que hoy es mi mentora, Ana Irene Ricalde, y a uno de los hombres que más admiro profesionalmente, Fernando A. Cordero, mis referentes en el modelo EAGALA.

Llegó el momento de volver realmente a casa —había fantaseado que mi casa estaba lejos—. Silver quedó en Girona. Yo reaparecí en Madrid, a poner la casa en marcha después de la larga ausencia, y mi prioridad era que volviésemos a estar juntos. Cada día se me hacía interminable. Visité hípicas a troche y moche, buscaba una cerca de la casa para poder volver a sentirlo cerca, pero ninguna me acaba de convencer. Siendo consciente de mi perfeccionismo y de que «lo mejor es enemigo de lo bueno», trataba de acoplarme, pero ya había aprendido a escuchar a la intuición, esa que me decía «aquí no». El parpadeo de las idas y venidas a Girona se hacía interminable, agotador, devastador.

Una de ellas, la peor, fue porque me informaron de que Silver había sido diagnosticado de piroplasmosis[6]. Con franqueza, pensé: «No escatimaré recurso alguno, pero si no salimos de esta, se acabó».

Había decidido que ponía mi vida en manos de su vida. ¡Cuántas ocasiones y tentaciones de echar marcha atrás! Lo único que permanecía absolutamente vivo y vigente era mi compromiso con él y lo que él significaba, que no con los humanos, por quienes me he sentido en muchas ocasiones manipulada, utilizada y explotada —hoy en día es lo que peor llevo, que aparezca esa sensación—. Él, Silver, y sus múltiples compañeros y compañeras me habían enseñado lo que es la bondad, de eso los humanos tenemos poca idea. La generosidad en ocasiones es dura y difícil de ejercer.

Viajé a Girona —una vez más— para estar con él, y fui acompañada por lo más importante de mi vida, por quien en aquel momento ya tenía el estatus de expareja y Malta.

Cuando sentí a aquel caballo enfermo, creí morir. Exactamente igual que cuando un crío tiene fiebre, las mismas sensacio-

---

[6] La piroplasmosis equina es una enfermedad transmitida por garrapatas que provoca que los animales se encuentren débiles e inapetentes.

nes, mimos, cercanía, vulnerabilidad y fragilidad, pero en grande. Salimos de aquella, aunque nos costó.

En torno a mi casa, por toda la zona, existen innumerables hípicas. Tardé unos seis meses en encontrar, casi por casualidad, la hípica El Paseo, en Ortigosa del Monte.

«Vente el lunes, que cerramos la hípica y podremos charlar, pero no te preocupes, que vivimos aquí mismo y la podrás ver». Fue la primera vez que se me quedó grabada la sensación: «Dios, con el lío que tengo y aquí esta mujer me dice "no te preocupes"». Poco después, cada vez que llamaba para alguna cosa, su respuesta era la misma: «Tú no te preocupes», y empezamos a reírnos. Vale, tendré que hacer un cursito acelerado de «no te preocupes», que lo mío ha sido siempre preocuparme.

Desde luego me fascinó el entorno, a los pies de la Mujer Muerta en pleno Parque Natural de la Sierra de Guadarrama. Pero fueron Ernesto y Silvia las únicas personas que sentí que me escucharon. Después de más de un año, regresábamos de lugares mágicos —el Montseny y Girona— y descubrí que la magia nos pertenece, está con nosotros y no en un lugar concreto.

Así conocí a Ernesto y a Silvia, la hípica, sus habitantes, las instalaciones, el lugar y sus quehaceres, esa tierra, su forma de vida y su generosidad.

Antes de que llegara Silver había tenido el atrevimiento de preguntarle a Ernesto: «¿Y qué criterio utilizas para agrupar a los caballos en un mismo *paddock*?». Entonces recibí una respuesta que me inició definitivamente en el mundo equino: «¿Me dejarás que lo conozca?».

Silver llegó después de dos días de viaje, el 5 de abril de 2013. Lo trajo Pelayo en su camión e inició su nueva vida en un *paddock* junto a Zeus, pero no llegó a estar con él ni una semana.

A la salida de la hípica, en un maravilloso prado llamado Navalengua, Ernesto y Silvia tenían algunos de sus caballos. Y digo tenían, porque ya no son sus caballos solamente, ya no es su prado simplemente.

Empecé a pasear a Silver por toda la hípica para que se habituara al nuevo espacio, a su nueva casa y eso incluía paseos del ramal por el exterior de la hípica. Cuando paseábamos por Navalengua, la yegua del *boss* —Zara— nos seguía y relinchaba, no nos quitaba ni ojos ni orejas de encima. A la semana, llegué un día y Ernesto me dijo: «Tu caballo ya no está en su *paddock*». Silver estaba en el prado con la manada de El Paseo. Ernesto ya lo había conocido. Fui feliz. Él también y Zara también. Ya había manada[7].

En el prado hay un amplio rincón en el que, sin intención alguna, había visualizado el espacio de trabajo. Andaba dando vueltas a cómo planteárselo a Ernesto, con el temor de un no anticipado, y un día él me lo propuso. Nos reímos y disfrutamos montando aquel espacio y mejorándolo con inventos. Aún seguimos en ello. Desde aquel día se me metió en la cabeza la idea de que este hombre, este gran amigo, me leía el pensamiento. Hoy sé que simplemente me intuye, exactamente igual que los caballos.

Os preguntaréis qué tiene todo esto que ver con este libro. Sin saberlo, los caballos han estado ahí, medio escondidos, pero siempre presentes. He descubierto una caja de hace muchos años, tal vez demasiados, en la que guardo mis cartas de adolescente. Está

---

[7] Hoy sé que nos referimos inadecuadamente como manada a un grupo de caballos que conviven juntos.

forrada con fotos de una manada de caballos. Andaba pensando en cómo contar cuándo empezó todo y no hay otra: todo empezó cuando hilando me doy cuenta de que, al tejer mi historia, surge la razón de todo lo que soy hoy, de dónde estoy. Aparece el sentido escondido de todo lo que he ido haciendo, de todo lo que ha ido pasando. Tarde o temprano, de un modo u otro, tenía que encontrarme con los caballos y con la buena gente que los mantiene a nuestro lado y, sin saberlo a ciencia cierta, Silver y yo nos encontramos formando parte de una manada y lo hemos transformado en decisión.

Este ejercicio de escritura se torna en un ejercicio de «recolocación y reconciliación» de hechos y memoria, de afectos, de reaprendizaje del de verdad, desde el aquí y ahora, con honestidad y con toda la bondad hacia mí misma que me han enseñado los caballos.

1. Pie a tierra

Todos los caballos son animales,
pero no todos los animales somos caballos.

1.1. La pregunta del millón: ¿por qué con caballos?

Me comentaba una joven profesional de la psicología que acaba de obtener el título de Experta en Terapias Asistidas con Animales, a través de un organismo de la Comunidad de Madrid por el que ha abonado una respetuosa cantidad de dinero e invertido mucho tiempo y esfuerzo para su insatisfacción, su decepción, su enfado…

En pleno auge —tal vez más que nunca— de la «titulitis curricular», comentaba con sarcasmo, sin acabar de atreverse a decirlo claramente, lo decepcionada y ciertamente engañada que se sentía de su formación, y me preguntaba admirada: «Pero el curso que vas a dar tú, ¿es allí con los caballos, estando a su lado?».

Parece que los diversos organismos que imparten formación ignoran que la información hoy en día está al alcance de todos desde casa, en zapatillas, y siguen impartiendo conocimientos teóricos al estilo tradicional. Sin percatarse de que lo que las personas buscamos, y me atrevo a afirmar que necesitamos, es la experimentación, la vivencia, la práctica, lo que yo llamaría un modelo, el aprendizaje integral, el que facilitan los caballos —sin ser los únicos, claro—.

Desde un humilde punto de vista, que no deja de ser una simple opinión y sin intención de invalidar o denostar nada ni a nadie, existe un error de principio, uno que implica un —aparente— desconocimiento y falta de exactitud, que considero básicos: la complejidad de los compañeros de naturaleza que acompañan a los profesionales de las Intervenciones Asistidas con Animales no se puede aglutinar en un curso de x horas, por mucho que nos den «papelitos». No es lo mismo ser experto en terapias con perros que con caballos, con gatos o con delfines.

Si hablamos en general de las Terapias Asistidas con Animales, volvemos a caer en el antropocentrismo y la cosificación que nos caracteriza: los únicos animales son los otros, incurriendo en una de las generalizaciones que más dañan el rigor de quienes nos dedicamos profesionalmente a este tipo de intervenciones.

Cuando la gente se entera de que trabajas con caballos, surge el discurso manido del «¡ah!, es que los animales son…», o el «¡uy!, es que los perros…», y reconozco que me entra cierta acritud, sin que aún haya encontrado una respuesta correcta y adecuada a lo que nosotros mismos estamos fomentando.

Pues no, no son lo mismo, ni desde luego son iguales los caballos, los perros, los gatos, los delfines o las aves; del mismo modo que no todos los caballos son iguales, ni todos los perros, ni todos los humanos, aunque tengamos en común que somos seres vivos clasificados como animales.

Hablando Con Caballos™ puede hablar de su formación y experiencia profesional en Intervenciones Asistidas con Caballos y, en concreto, en su modalidad «pie a tierra». Pero, honestamente, no tenemos ni idea de delfines, sabemos algo de perros y gatos, pero desconocemos las metodologías para intervenir con ellos.

Con este tipo de falta de rigurosidad en el lenguaje y en los conceptos, no hacemos más que corroborar que nuestra necesidad cognitiva de ordenar, clasificar y estructurar, en ocasiones, nos engaña, y muchas veces nos traiciona.

Lo cierto es que, si no pecase, tal vez, de prudente, exigiría un poco más de exactitud, rigor y pulcritud conceptual, levantaría la voz para pedir la aplicación de la lógica y la fundamentación, en lugar de su manipulación, enfocada a una cartera de clientes/ usuarios. Nos hacemos un flaco favor —profesionalmente hablando—, ya que intentamos crear, hacer crecer y desarrollar unas metodologías de intervención fundamentadas en una terrible inexactitud, con su consecuente repercusión social.

Tal vez con este gráfico podamos entender de dónde viene la generalización. La fuente es el estudio realizado por Rafael Martos-Montes, David Ordóñez-Pérez, Inmaculada de la Fuente-Hidalgo, Rafael Martos-Luque y María Rosario García-Viedma: «Intervención Asistida con Animales (IAA), Análisis de la situación en España».

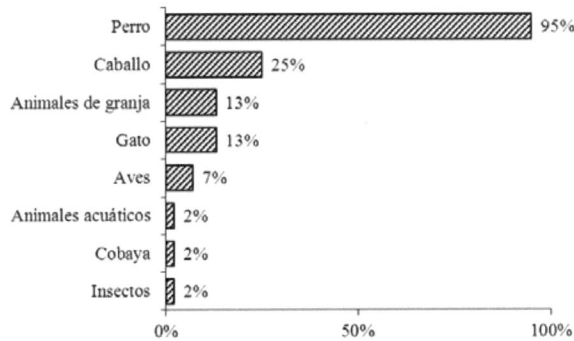

Con caballos, tal vez porque, al igual que cuando trabajamos a los caballos en doma o equitación, hablamos de ayudas refiriéndonos al ramal, la fusta o la cabezada, cuando hablamos de salud, mejora o bienestar, desarrollo y crecimiento, también necesitamos ayudas.

Me demuestra la experiencia que lo que no se logra en pista es más que difícil de lograr en el despacho, en el que nos dedicamos intensamente a la cognición. Hemos escuchado/leído en multitud de ocasiones que EAGALA[8] lo tiene cuantificado: una sesión en pista puede equivaler a cinco o seis sesiones en despacho. Pero no estoy segura, ya que no he encontrado la referencia escrita, aunque sí tengo la evidencia de la efectividad del trabajo con caballos.

Con caballos, porque es un ser excepcional que, por sus características como especie, es capaz de percibir y responder a lo más profundo de nuestro ser, incluyendo aquello de nosotros mismos que desconocemos. Esa es la «magia» de su saber hacer.

Porque, al final, ejercer en IAC «pie a tierra» es un modelo de intervención que tiene que ver más con el contacto y la vivencia, con la interacción entre personas y caballos y con el embrujo —y digo embrujo, que no magia— que se produce cuando interactúan, y el lugar desde el que lo hacen dos especies tan diferentes.

Pero no está de más tener un punto de partida y desde ahí dejar que las cosas fluyan, dejar que pase lo que tenga que pasar.

---

[8] EAGALA (Equine Assisted Growth and Learning Association), fundada en 1999, es el único modelo de Intervención Psicoterapéutica con Caballos aprobado por la APA (American Psychological Association), que tiene sus orígenes en el área psicoterapéutica, aunque sus aportaciones en el área del aprendizaje y desarrollo humano están siendo abrumadoras.

En multitud de ocasiones, las personas preguntan si entonces también se puede hacer con un perro. El caballo es un herbívoro —y, por tanto, una presa— con unas características etológicas muy particulares y muy diferentes de las de un depredador, con una estructura, organización social y comunicación propias, con una forma de estar e interrelacionarse características y únicas.

He tenido la ocasión de aprehender, escuchar y vivir las enseñanzas de buena gente del entorno del caballo, unos más conocidos que otros, pero cada uno con sus saberes. Pero, sobre todo, he tenido la oportunidad de codearme, charlar, empatizar y convivir con infinidad de mozos de cuadra y herradores, esos humanos que conocen más a los caballos que los propios «dueños» —y me incluyo en esa categoría de desconocedores—. Por eso, me encontré empezando de cero. En este momento me parece increíble haber llegado a ser capaz de utilizar un puro[9]. Aún no sé casi nada, voy integrando desde la experiencia y la necesidad de conocer desde la curiosidad y el cuestionamiento. Y se me ocurre que la primera cuestión en la que debamos tratar de indagar sea la de qué es lo que nos vincula al caballo, en función de qué, para qué y cómo. ¿Es ese vínculo igual con cualquier equino, sólo con un tipo, o sólo con «mi» caballo? El cómo llegaron los caballos a nuestras vidas y para qué continúan en ella.

Compré un caballo, puse la pasta, facilité mis datos para hacer el papeleo, formalicé la compra[10]… Pero ¿quién compró a quién, qué compramos y a qué precio? No me refiero a dinero.

---

[9] Herramienta que se utiliza para doblegar a los animales rápidamente por el gran dolor que causa.
[10] DRAE: «Comprar»: Obtener algo por un precio.
«Obtener»: Alcanzar, conseguir y lograr algo que se merece, solicita o pretende.

Ahora, sintiéndolo integrado en la manada de Navalengua, cada vez más, tengo la sensación de que «mi» caballo no es mío; soy propietaria de un caballo que no me pertenece, y pertenezco a toda una manada, unida por los imperceptibles hilos de los vínculos que suscitan la mirada, la vivencia, la tarea y, desde luego, su saber ser y estar.

Son los compañeros facilitadores de mi trabajo, y en mi trabajo, parte de mi equipo.

Son muchas las personas que me han contado cómo un caballo les cambió la vida, que desde una experiencia asociada a un caballo, ya no son las mismas, pero lo que he percibido que tienen esas historias en común es un cambio radical en la escala de valores. Y tienen en común también algo que cuesta identificar: muchas de ellas se sienten atraídas por este mundo por lo que comporta en su propio desarrollo personal. Todos lo hacemos, pero es importante ser conscientes de ello.

Recuerdo una paciente, una de esas mujeres con la vida rota, abusos y maltrato que le habían obligado a cambiar de domicilio y de nombre. Su mayor deseo había sido ser madre, y al serlo quedó afectada de forma significativa por gran cantidad de secuelas físicas, entre otras la pérdida de control de esfínteres. Me relataba cómo su pequeña, que no había visto jamás un caballo, sólo pedía caballos como juguetes y tenía uno al que tenía especial afecto al que llamaba Deseo.

Una de las claves es el trabajo personal de los facilitadores. No puedo desarrollarme personalmente a través del trabajo con otros: las patatas de EAGALA[11], o el qué es mío y qué es del otro

---

[11] El Modelo EAGALA utiliza unas patatas de goma que nos regalan a los alumnos

del *coaching*, que exigen un gran entrenamiento en la toma de consciencia y conocimiento de nosotros mismos. Creo que más adelante volveremos a retomar este tema.

Yo tengo más de una gran patata en las sesiones.

No me gusta nada ver que alguien —sea un individuo o un grupo— que finaliza una actividad deja al caballo con la cabezada y el ramal puesto, y siento la impaciencia por saber si se lo quitará. Caí en muchas ocasiones en facilitar —o provocar— que se lo quitaran mediante una pregunta o simplemente un acto. Sólo la consciencia de esto, que es mío, me permite manejarlo, esperar, aguantar mis ganas, superar mi patata. Diré que generalmente se lo acaban quitando y yo acabo tensa por aguantar el tirón, pero de eso precisamente se trata, de ser capaz de manejar la tensión que me genera lo que yo creo incomodidad de un «compañero» de trabajo.

Otra patata es no caer en enseñar el manejo del caballo; que no hace falta, por ejemplo, tirar del ramal para que el caballo ande, tratar de evitar la frustración de algunas personas, caer en el proporcionar soluciones que, a la postre, son nuestras y no del otro.

He visto a un importante ejecutivo de empresas internacionales líder entre humanos intentar competir en fuerza con un caballo, fracasando en su intento mientras otros miembros del grupo lo lograban simplemente con el convencimiento, la cercanía o el simple método de «liderar» desde atrás, aunque no supiesen lo que estaban haciendo, con el ejercicio simple de la imaginación y el sentido común.

---

para que en diversos ejercicios, durante el entrenamiento, la levantemos cuando seamos conscientes de que lo que está pasando en pista corresponde a nuestro yo (dudas, subjetividad, inseguridades, temores, etc.). Nos ayudan a ser conscientes «jugando».

He de decir que utilizo la patata que nos regala EAGALA en mis sesiones y la patata a su vez se convierte en patata... Puede perderse, estropearse, romperse cualquier elemento utilizado, pero hasta que la patata no está a buen recaudo no ha concluido adecuadamente la sesión.

1.2. Intervenciones Asistidas con Caballos «pie a tierra». Concepto y praxis

¿Por qué el apellido «pie a tierra»? Es conveniente saber dónde estamos, desde dónde partimos, en qué lugar se ubica nuestra especialidad en relación a las IAC. Vaya por delante que este trabajo nada tiene que ver con la doma, nada que ver con la monta, y nada que ver con la técnica de la equitación. Interioricémoslo, que eso requiere mucho reaprendizaje.

Tenemos que tener cuidado con lo que diferencia las IAC «pie a tierra» del resto de las intervenciones con caballos que implican subirse al caballo o la monta/equitación y, al mismo tiempo, qué es lo tienen en común entre ellas.

Es más que obvio que al humano el caballo nos ha servido y sirve como animal para el ocio, como ganado para el consumo o como animal de trabajo, hasta el punto de que es difícil verlo, asumirlo y aceptarlo con cualquier otra función. Pues bien, las IAC descubren un valor y función añadidos de este animal. Cuando nos planteamos el trabajo «pie a tierra» con humanos[12]: el caballo es un facilitador y compañero de equipo imprescindible.

---

[12] MOSTERÍN, Jesús: La naturaleza humana. Ed. Espasa Calpe, Gran Austral, 2006, Madrid.

Lo que diferencia la equitación de las IAC son básicamente los objetivos y lógicamente la metodología: en la equitación el objetivo es aprender a montar y en las IAC los objetivos son terapéuticos: de mejora, desarrollo, crecimiento, fisioterapéuticos, etc., sin que nadie pueda decir que la monta no es terapéutica en sí misma ni que al realizar IAC no se acabe sabiendo de caballos o de cómo manejarlos —cosa necesaria, por otra parte—. Los conocimientos son necesarios y los saberes se complementan. Están perfectamente interrelacionadas. Abogamos porque haya que saber tanto de caballos como de personas, incluyéndonos a nosotros mismos.

Como se ha puesto de moda ahora, desde el *coaching*, «salir de la zona de confort» —que yo llamo «zona de seguridad»— nos propone ver algunas cuestiones desde otro lugar, y es seguro que se ven diferentes al abandonar el «más vale lo malo conocido que lo bueno por conocer».

No podemos olvidar en ningún momento que estamos creando una profesión sin demasiados referentes o encuadres teóricos —psicología, *coaching* desde cualquiera de sus enfoques…—, y con pocos modelos metodológicos a los que referirnos y en los que apoyarnos. Cuando incluimos el caballo en nuestras intervenciones, añadimos el valor de lo no cognitivo, lo experiencial y vivencial, y ahí se inicia el reaprendizaje necesario.

Es esta una de las razones por las que hablamos de la evidencia desde la experiencia.

Hemos visto en muchas ocasiones escépticos desmoronarse ante la evidencia de lo que sucede en pista. En una demostración que hicimos para psicólogos y psiquiatras, recuerdo que algunos profesionales venían con el «traje» puesto y un poco a la defensiva. Asistía un colega en concreto que no paraba de cuestionar cosas, trataba constantemente de encajar lo que pasaba en algún tipo de teoría, nombraba autores y fechas… Mi sensación era que intentaba entender sin acabar de conseguirlo, hasta que en un ejercicio grupal, como a mitad de mañana, sus compañeros se quejaban de su no participación. «No hace caso, lo único que hace es acariciar al caballo». Su expresión no verbal había cambiado completamente, sonreía, dejó de preguntar y de hablar, descubrió sus sensaciones y emociones y se dejó llevar. Luego me comentó en privado: «Necesitaba esto».

Desde mi punto de vista, hay un punto de encuentro vital que son las aportaciones de la doma natural y la etología. Nos referimos a este modelo de doma cuyos fundamentos no son otros que el conocimiento de la etología del caballo. No entramos aquí en el debate de las distintas denominaciones y técnicas que existen hoy día respecto a los tipos y estilos de doma, pero no es objeto de este escrito, sobre todo porque hay mucha «buena gente» que sabe mucho más que yo a este respecto. Sea como fuere, no deja de ser «doma», es decir, querer que el caballo haga algo que yo quiero.

Nos ha parecido importante comentar un poco este asunto. Los objetivos tanto del *coaching* como de la psicoterapia no son en absoluto ni la doma ni la monta del caballo. Cuando domamos, domesticamos, la pretensión es que el animal haga algo que nosotros queremos y, como comentaremos más adelante, en estas disciplinas lo que necesitamos exactamente es que el caballo no haga nada que no sea propio de ser caballo.

Se dice que para las IAC «pie a tierra», en general, puede servir cualquier caballo, menos los enteros o sementales, pero yo me atrevo a afirmar que sólo aquellos que pueden y saben ser caballos.

En este sentido, la llamada doma natural nos aporta, por un lado, una gran cantidad de información respecto a todo el trabajo que se realiza «pie a tierra», porque nos da las claves de cómo es el caballo, cómo es su lenguaje y su comunicación y cómo debemos acercarnos a él, las cosas que debemos cambiar para lograrlo; ve al caballo un poco más de igual a igual. Y, por otro, la etología nos guía en el sentido de cómo cubrir las necesidades para que un caballo pueda ser caballo (poder convivir en manada, comida/pasto y agua a su disposición; básicamente, tener cubiertas sus necesidades básicas como individuo de la especie equina).

De igual modo, se necesitan profesionales que sepan serlo y surge un problema en aquellas disciplinas en las que, o bien un título no es indispensable para poder ejercer, o bien pueden ser desempeñadas por diferentes perfiles profesionales, aunque no se correspondan del todo con la profesión para la que han sido pensadas explícitamente. Esta es la base del debate sobre el intrusismo profesional del que hablaremos más adelante.

Una de las mejores cosas que he experimentado ha sido tener la oportunidad de trabajar con *coaches*. Tal experiencia me ha permitido disfrutar de la suma de orientaciones y visiones que aportan las diferentes formaciones, forma de ser y abordar, estilos y cómo los caballos responden a ellas.

En una sesión que realizamos, y tras una aportación que hice, me preguntaba una compañera proveniente del mundo del derecho: «¿Cómo se te ha ocurrido eso?». No había sido ocurrencia, sino que los caballos lo andaban diciendo y coincidía con lo que yo andaba pensando. La profesión de la que provenimos puede llegar a ser una «patata». Por eso, es necesario trabajarse eso que llamamos «deformación profesional» para conocer en profundidad cómo incide en nuestro quehacer como facilitadores.

2. Al paso

Que te gusten los caballos es fácil.
Que te gusten los humanos no tanto...

2.1. Etología

En una ocasión una compañera me descubrió con una frase una pasión de la que no era del todo consciente: «Es que a ti te apasiona el animal humano». Me abrió la puerta de lo que llevaba sintiendo y haciendo desde hacía años, le puso palabras que dieron ciertamente sentido a aquello a lo que me dedico.

Con los caballos compartimos más diferencias que similitudes. Lo que tenemos en común con los caballos es que somos dos especies de animales mamíferos; el resto son diferencias:

Ellos son presas, nosotros depredadores.

Ellos son pacíficos, nosotros guerreros y competitivos.

Ellos son «grandes», nosotros pequeños —aunque nos creamos lo contrario—.

Ellos son horizontales, nosotros verticales.

Ellos son fuertes, nosotros lo intentamos.

Ellos son sensibles, a nosotros nos educan para ser enérgicos.

Os invito a que continuéis la lista.

Y ¿qué es lo que pasa cuando interactúan dos especies tan diferentes?

Podemos intentar que él nos entienda mediante la doma o conjunto de métodos y técnicas utilizadas para lograr que el caballo sepa lo que queremos de él y lo haga, o podemos poner el énfasis en entenderle nosotros a él y en cómo lo hacemos. Eso que llamamos doma natural aúna ambas cuestiones, utiliza el conocimiento etológico del caballo para lograr que aprenda lo que queremos de él.

Para acercarse con autenticidad a los caballos somos nosotros los que hemos de cambiar cosas: objetivos, actitud, niveles de energía, capacidad de comunicación no verbal, enfoques y lugares…, incluso los parámetros de nuestra etología como depredadores. Creo que este sería el punto de inflexión que nos puede ayudar a entender las metodologías «pie a tierra». Pero, claro, no todos tenemos igual disposición para cambiar. Esto es lo que los caballos nos facilitan y lo que precisamente motiva.

Vamos a darle un repaso a lo que significa «etología».

La etología —del griego «ηθος», ethos, costumbre, y «λόγος», logos, razonamiento, estudio, ciencia— es la rama de la biología y de la psicología experimental que estudia el comportamiento de los animales en el medio en el que se encuentran, ya sea en situación de libertad o en condiciones de laboratorio, aunque son más conocidos los estudios de campo. Al estudiar especialmente el comportamiento en el medio natural, la investigación etológica se distingue de la conductual, centrada en el medio artificial o de laboratorio.

Los científicos dedicados a la etología, etólogos, estudian las características conductuales distintivas de un grupo determinado y cómo estas evolucionan para la supervivencia del mismo en un ambiente determinado. Su objeto de estudio es el comportamiento animal en su interacción con el medio. Los seres humanos, también animales, forman parte del campo de estudio de la etología. Esta especialización se conoce con el nombre de etología humana.

Los objetivos de los etólogos son el estudio de la conducta, el instinto y las relaciones con el medio, así como el descubrimiento de las pautas que guían la actividad innata o aprendida de las diferentes especies animales. Así, los etólogos han estudiado en los animales aspectos tales como la agresividad, el apareamiento, el desarrollo del comportamiento, la vida social, la impronta y muchos otros. En estado salvaje, los animales se manejan con ciertos códigos impuestos por la propia lucha por la supervivencia.

Es curioso que, buscando en san Google el concepto de «etología humana», me encontré con esto: «Wikipedia no tiene una página con el nombre exacto de "etología humana"». Pero encontré algo en un blog[13] de 2008 que me pareció interesante:

Hace pocos años se decía que el hombre era una especie animal inteligente. Esta característica era suficientemente clara para diferenciarlo de otras especies y se asociaba la aparición de la inteligencia con el uso y fabricación de herramientas. A medida que aumentaron los conocimientos de la zoología, se vio que otras especies, no sólo entre los mamíferos, también utilizaban herramientas y se matizaba la expresión anterior diciendo que era «la especie más inteligente», lo cual, bien pensado, no aclara nada. Y cuando en una discusión no se sabía añadir nada nuevo, se terminaba diciendo que «en cualquier caso, es una especie

---

[13]   http://ana-10392.blogspot.es/

diferente», lo cual todavía aclara menos, porque por definición todas las especies son diferentes.

El sentido de estas expresiones, en general, es que el hombre es especial, algo que nos resulta difícil definir, pero que siempre tiene connotaciones de «ser superior», «el fin último de la creación» y, a falta de una palabra adecuada, se emplea la de «inteligente».

El antropocentrismo —que no es lo mismo que el antropomorfismo, diferencia muy bien explicada en el libro *El silencio de los caballos* de David Castro— es la idea de que los animales se deben comportar por los mismos motivos que nosotros y tienen las mismas necesidades. Es nuestra manera instintiva pero errónea de tratar con ellos. Nos lleva a ideas absurdas como atribuirles la consciencia de culpabilidad o la capacidad de mentir o de tener mala intención, que es suficiente con que coman tres veces al día, o que necesitan manta, creyendo que se someten a las mismas razones, sensaciones y ritmos biológicos que nos mueven a nosotros.

Descartes planteó el acercamiento científico, afirmando que los animales son autómatas sin alma o sentimiento. Es otra simplificación que ha llevado a mucho abuso, pero Descartes pensaba en el siglo XVII y nosotros podemos pensar y actuar desde los siglos de historia, cultura y pensamiento que nos distancian; bueno, eso creo yo, pensemos desde el siglo XXI.

Hoy día, la neurociencia nos demuestra que los mamíferos como el perro, el caballo y los primates sí tienen emociones igual de fuertes que las nuestras, aunque les falta la consciencia del «yo» que complica tanto nuestras emociones. Les falta también la capacidad de racionalizar sobre sus emociones, cosa que es difícil incluso para nosotros. Cada animal responde a sus estados emocionales según sus tácticas para sobrevivir en su entorno natural. Es decir, que estas respuestas son bastante automáticas. No quiere decir que el animal experimenta el miedo, la alegría o la ausencia de su cría o compañero hermanado de forma distinta a como lo haríamos nosotros: la crueldad hacia ellos es igual que la crueldad hacia los niños pequeños, que tampoco son capaces de racionalizar o pensar sobre sus experiencias[14].

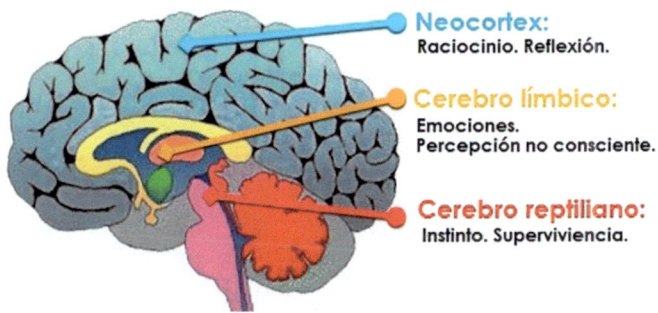

Neocortex:
Raciocinio. Reflexión.

Cerebro límbico:
Emociones.
Percepción no consciente.

Cerebro reptiliano:
Instinto. Superviviencia.

Las funciones de estos cerebros están vigentes siempre. Otra cosa es que seamos conscientes de ello.

Junto al caballo se ponen en marcha los cerebros límbico y reptiliano, esa es mi impresión, y uno de los aspectos más importantes de este trabajo —el de las IAC «pie a tierra»— es la integración posterior, *in situ*; cuando procesamos/analizamos lo que ha sucedido en pista con la persona, ponemos en marcha las funciones del neocórtex.

---

[14] REES, Lucy. «La etología equina y otras disciplinas que estudian el comportamiento equino». Horses & Human, IV Jornadas Holísticas, abril 2015. http://www.horsesandhuman.com/etologia/la-etologia-equina-y-otras-disciplinas-que-estudian-el-comportamiento-equino/#

No se trata de obviar los análisis, interpretaciones y verbalizaciones que realizamos después de cada actividad —no podemos evitarlo, somos humanos—, se trata de integrar cognitivamente: ¡saber de humanos!

Descubrí por Internet este gráfico, que, desde luego, no tiene más validez que la del cuestionamiento que me sugirió y que Klaus Ferdinand Hempfling[15] expresa claramente: «Lo importante no es ser bueno en encontrar repuestas, sino ser bueno en encontrar preguntas».

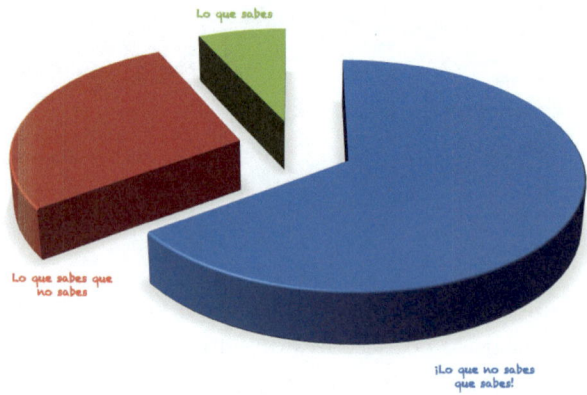

2.2. Comunicación interespecies. El papel de la sensación en la conducta

Uno de los primeros libros que cayó en mis manos sobre comunicación no verbal fue el de Flora Davis en los años setenta.

---

[15]   http://www.hempfling.com/

En él la autora nos introduce un mundo que todos sospechamos que existe, pero que pocos conocen o investigan.

El lenguaje no verbal es un conjunto de actitudes, gestos, posturas, movimientos, la mayor parte de ellos casi imperceptibles, que emitimos de manera inconsciente y captamos también sin la intervención de la consciencia.

El lenguaje no verbal puede apoyar al lenguaje verbal, darle más énfasis, modularlo, suavizarlo e, incluso, contradecirlo. Puede marcar el camino a seguir en la conversación o relación, puede manifestar intenciones que no sería correcto publicar con lenguaje verbal. Cada gesto, cada postura, la ropa que utilizamos, el coche que compramos, forman parte de nuestro lenguaje, dicen algo de nosotros, aunque estamos muy lejos de conocer todo el significado[16].

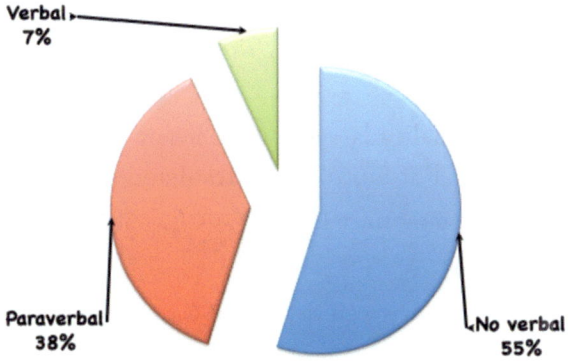

16   https://psicoylogico.wordpress.com/2009/03/10/la-comunicacin-no-verbal-flora-davis/

La comunicación no verbal expresa sensaciones, sentimientos, emociones, estados de ánimo de forma inconsciente; no es intencionada, simplemente surge, y eso es precisamente lo que saben leer y percibir los caballos a la perfección. Por eso, nos descubren lo que desconocemos, que no es más que aquello de lo que no somos conscientes.

Es importante destacar el papel que cumplen las emociones, sentimientos, sensaciones, pensamientos y conductas[17] para la comunicación interespecies.

Las emociones son reacciones psicofisiológicas que representan modos de adaptación a ciertos estímulos del individuo cuando percibe un objeto, persona, lugar, suceso o recuerdo importante. Psicológicamente, las emociones alteran la atención, hacen subir de rango ciertas conductas guía de respuestas del individuo y activan redes asociativas relevantes en la memoria. Estamos hablando de que condicionan el foco de nuestra atención, de lo que hablaremos más adelante.

Los sentimientos se refieren a un estado de ánimo, a una emoción conceptualizada, que puede llegar a determinar dichos estados de ánimo. Por tanto, son el resultado de las emociones y pueden ser verbalizados; os invito a indagar y conocer[18]. Fisioló-

---

[17] CHÓLIZ, Mariano: Psicología de la emoción: el proceso emocional, 2005. http://www.uv.es/choliz/Proceso%20emocional.pdf

18 La programación neurolingüística (PNL) es una estrategia de comunicación, desarrollo personal y psicoterapia creada por Richard Bandler y John Grinder en California (Estados Unidos), en la década de 1970. Sus creadores sostienen que existe una conexión entre los procesos neurológicos («neuro»), el lenguaje («lingüística») y los patrones de comportamiento aprendidos a través de la experiencia («programación»), afirmando que estos se pueden cambiar para lograr objetivos específicos en la vida. En este sentido, yo no afirmo nada, ni discuto, ni disiento, pero el invento de verdad corresponde a la lingüística (Ferdinand de Saussure) y su aplicación a la teoría psicoanalítica (Jaques Lacan).

gicamente, las emociones organizan rápidamente las respuestas de distintos sistemas biológicos, incluidas las expresiones faciales, los músculos, la voz, la actividad del SNA (Sistema Nervioso Autónomo) y la del sistema endocrino, a fin de establecer un medio interno óptimo para el comportamiento más efectivo. Los diversos estados emocionales son causados por la liberación de neurotransmisores y hormonas, que luego convierten estas emociones en sentimientos y, a la postre, en lenguaje.

Desde el punto de vista cognitivo está comprobado que el funcionamiento normal del cerebro cambia según el estado de ánimo subyacente, y que en ocasiones incluso las decisiones racionales de las personas pueden verse notoriamente afectadas por los sentimientos. Las emociones son expresiones neurofisiológicas del sistema nervioso y de estados mentales.

El pensamiento es la actividad y creación de la mente; todo aquello que es traído a la existencia mediante la actividad del intelecto. El término es comúnmente utilizado como forma genérica que define todos los productos que la mente puede generar, incluyendo las actividades racionales del intelecto o las abstracciones de la imaginación. Todo aquello que sea de naturaleza mental es considerado pensamiento, bien sean estos abstractos, racionales, creativos, artísticos o de índole similar.

La conducta se conforma por patrones de comportamiento estables, mediados por la evolución y perpetuados por la genética. La conducta se manifiesta a través de sus cualidades adaptativas, dentro de un contexto o una comunidad. Es un indicador observable físico de los procesos internos del individuo.

En psicología, antropología y biología, el comportamiento es la manera de proceder que tienen los organismos en relación con su entorno o mundo de estímulos.

Según las circunstancias, el comportamiento puede ser consciente o inconsciente, voluntario o involuntario, público o privado.

Conductualmente, las emociones sirven para establecer nuestra posición respecto a nuestro entorno; nos impulsan hacia ciertas personas, objetos, acciones, ideas y nos alejan de otras. Las emociones actúan también como depósito de influencias innatas y aprendidas, y poseen ciertas características invariables y otras que muestran cierta variación entre individuos, grupos y culturas.

La sensación, o procesamiento sensorial, es la recepción de estímulos mediante los órganos sensoriales. Estos transforman las distintas manifestaciones de los estímulos importantes para los seres vivos de forma calórica, térmica, química o mecánica del medio ambiente —incluyendo en este al cuerpo humano— en impulsos eléctricos y químicos para que viajen al sistema nervioso central o hasta el cerebro para darle significación y organización a la información. Esto, dependiendo de la particular forma de procesamiento de cada ser vivo —percepción—.

Podemos hablar de alineación cuando lo que pensamos, sentimos y hacemos —todo lo hasta aquí explicado y definido respecto a sentimientos, sensaciones, pensamientos y conductas— está alineado. Es entonces cuando podemos hablar de congruencia. Y a eso, a la congruencia/incongruencia, es precisamente frente a lo que se manifiesta el caballo.

Pero no hablamos de congruencia externa o apariencia de congruencia. A lo que responde el caballo es a la autenticidad interna de la misma, responde a un «estado».

Uno de los factores que nos dificulta la gestión de las emociones es la sensación y el temor que tenemos de que nos coloque en un lugar de vulnerabilidad. Culturalmente, se asocia la capacidad de sentir y de expresar lo que se siente a la sensibilidad/debilidad. Sin embargo, nuestros sentimientos y sensaciones son indiscutiblemente lo único incuestionable; no hay argumento que nos haga cambiar de sensación, ni persona que pueda discutirla, simplemente son. Sólo podemos integrarlas como parte indisoluble de nuestra esencia, aprendiendo a escucharlas, dejando que existan y aceptándolas. Sólo desde ese lugar podremos gestionarlas o, lo que es lo mismo, reconocerlas y encauzarlas, no negándolas o evitándolas, no silenciándolas, por muy dolorosas que sean.

Sentir con la cabeza es imposible. Podemos pensar sobre lo que sentimos, pero indudablemente el primer paso es la toma de consciencia y el reconocimiento de sensaciones y sentimientos, y esto corresponde a un trabajo de desarrollo personal. ¿Hablamos de «inteligencia emocional»?

La intuición es una «sensación» que no forma parte del proceso racional; se presenta inesperadamente y es, por eso, que resulta difícil «escucharla». Es el que llaman el «sexto sentido».

Los caballos son maestros en la percepción y escucha de la intuición.

2.3. Psicopatología «normal»

Una de las ideas que se manejan para encarar un proceso en las IAC «pie a tierra» —reveladora en el intento de diferenciarlas y definir su campo de actuación— es que el CAC se orienta a «personas normalizadas», mientras que la PAE podría decirse que se orienta más a personas con, simplificando, un psicodiagnóstico en el sentido tradicional de la palabra.

Según el DRAE:

patología
De *pato-* y *-logía.*
1. f. *Med.* Parte de la medicina que estudia las enfermedades.
2. f. *Med.* Conjunto de síntomas de una enfermedad. U. t. en
sent. fig. *Patología social.*

psicopatología
De *psico-* y *patología.*
1. f. *Psiquiatr.* Estudio de las enfermedades mentales.

Y del estudio de las «causas» se ha pasado a las «clasificaciones»:
El CIE-10, acrónimo de la Clasificación Internacional de
Enfermedades, décima versión, cuyo uso está generalizado en
todo el mundo y es recomendado por la OMS y el DSM-5
(Diagnostic and Statistical Manual of Mental Disorders) de la
Asociación Americana de Psiquiatría o APA) que contiene una
clasificación de los trastornos mentales y proporciona descrip-
ciones claras de las categorías diagnósticas, con el fin de que los
clínicos y los investigadores de las ciencias de la salud puedan
diagnosticar, estudiar e intercambiar información y tratar los
distintos trastornos mentales, sabiendo que hablan de los mismos
conceptos. Hasta el punto de que llega a primar el hecho de que
seamos capaces de realizar una buena clasificación/diagnóstico
sobre el tratamiento.

Luego hablaremos de los peligros/consecuencias del «eti-
quetado».

En psicología existen técnicas diagnósticas —los famosísimos
test— que, se supone, permiten y ayudan al profesional a conocer

en mayor o menor medida las características psicológicas del paciente: los rasgos de personalidad, el nivel de inteligencia, sus preferencias, sus aptitudes y actitudes, etc.

Y cómo nos gusta que nos digan cómo somos y funcionamos sin esfuerzo.

Los resultados —a partir del análisis de las respuestas— del paciente se obtienen comparando las respuestas del sujeto a la prueba planteada con los de la muestra de referencia, por lo general un grupo de personas al que se le ha pasado el test y del que se han obtenido los datos de los que, tras un complejo proceso estadístico, se establecen los estándares de las respuestas —cuanto mayor es la muestra, mayor fiabilidad de la prueba—, y en los que generalmente se diferencian variables como sexo, edad, etc. Este es el proceso de normativización o estandarización, y el resultado es que todos nos distribuimos —estadísticamente, claro— según esta curva que utilizó profusamente el señor Gauss.

Esta curva —llamada campana de Gauss—, aunque constructo, tiene un sentido. Parece lógico que todos debamos estar en algún lugar respecto a la población general en relación a lo que sea: nuestro peso, inteligencia, altura, capacidad de expresión… Podemos ser muy «normales» y ubicarnos en la zona central de la campana, o muy «raritos» y estar en cualquiera de los extremos de la misma; y podemos ser muy «normales» respecto a cualquier variable y muy «raritos» respecto a otra, que puede ser creatividad, tiempos de reacción, etc.

Esta distinción es lo que ha llegado hasta nuestros días como «distribución normal o campana de Gauss»[19].

---

[19] Gráfica extraída del blog fueradeconsulta.com, de Iris Bello. Entrada «Eso que llaman normalidad», del 20 de octubre de 2014.

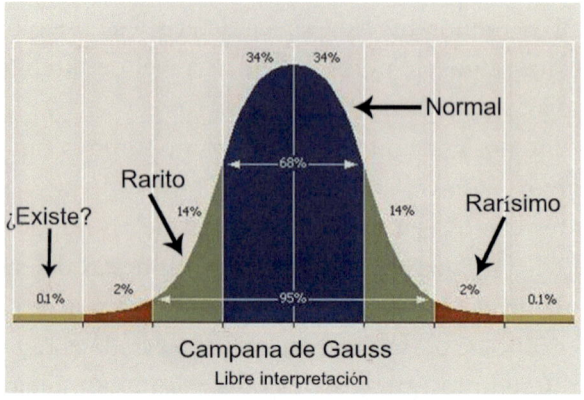

Campana de Gauss
Libre interpretación

Lo que resulta casi irónico es que este mismo constructo estadístico, que nos ayuda —se supone— a discriminar entre normalidad y patología, se aplica para ver la distribución del tamaño de los huevos de canario o, lo que es lo mismo, para decirnos cuáles son normales y cuáles no. Tal es la profusión de semejante herramienta estadística:

En la mayoría de los casos, de un modo u otro, nos encontramos con la cuestión de dónde está la línea, o dónde se pone en la realidad, pues hay varias líneas y según con respecto a qué.

El concepto de «normalidad» se construye en relación a los muy diversos criterios que se establecen como propios del ser humano, pero no sé hasta qué punto se tiene en cuenta el contexto, el momento, la historia.

Por poner un ejemplo, ante una persona que está atravesando el proceso de un duelo —perfil— no podemos extrañarnos cuando aparece una expresión de tristeza extrema, de llantos, hipidos, silencios prolongados y demás. Lo no habitual, en ese contexto, es que esa persona se muestre feliz —aunque también cabe una excepción en función de la relación previa—. Se puede decir que la media de tiempo del proceso puede ser de un año. ¿Qué diríamos de una persona que muestra el mismo estado de ánimo y las mismas expresiones después de cinco años? Algo no encaja.

Por tanto, el contexto puede ayudarnos mucho a discriminar dónde podemos establecer la línea, y una idea *a priori* del contexto de la persona nos puede venir dada por el perfil o los datos previos.

Se lo describíamos una noche a una gran *horsemanship* —eso sí, entre risas—, durante un curso que vino a impartir a El Paseo y concluyó: «No me contéis más, me cae fatal ese Gauss».

La psicología utiliza, entre otras, una serie de técnicas diagnósticas que tienen un apellido, las «técnicas proyectivas». Una de las más renombradas o conocidas de estas pruebas es la del test de Rorschach, que es una técnica y método proyectivo de psicodiagnóstico creado por Hermann Rorschach (1884-1922) y que, si no me equivoco, es una de las más utilizadas con adultos.

Las técnicas proyectivas, en general, se asocian y utilizan mucho más con los infantes, porque parecen menos serias. Se podría decir que se parecen más a un juego —el test de la familia, el de la figura humana o la caja de Juegos son algunos ejemplos—, pero

lo que se dice proyectar, proyectamos todos a todas las edades
—no podemos evitar hablar, decir, expresar, ser, desde nuestro
yo—. Sin poderlo evitar, siempre actuamos, pensamos y sentimos
desde nuestro yo, seamos conscientes o no.

Una de las sensaciones más apasionantes que me sugirió el
trabajo con caballos fue el descubrimiento de que la pista es como
un gran test proyectivo no normativizado, no estandarizado, en el
que proyectamos todo lo que somos de forma integral. No sólo
pensamos, entran en juego el cuerpo, los espacios, las sensaciones
y emociones.

Es el caballo, desde el lugar que ocupa y siendo lo que es, el
gran maestro, el punto de referencia que nos permite interpretar
y entender, a través de las metáforas y los procesos que surgen,
lo que se está proyectando, sea quien sea, el cliente o nosotros
mismos, exigiéndonos únicamente ser conscientes de lo que está
sucediendo en el aquí y ahora.

Es el caballo —su interacción, su forma de vincular, reac-
cionar y estar— el que nos facilita la toma de consciencia y nos
transporta al momento único del aquí y ahora. Me atrevo a decir
que esto es lo único que nos ofrece un criterio de actuación
como profesionales: los caballos y lo que acontece en pista, no
tanto los porcentajes, que, si nos guiamos por ellos, tendremos
expectativas, esperaremos resultados.

En una ocasión, durante una sesión, una de las participantes
planteó abordar un tema complicado: cuáles eran los recursos
personales —sus capacidades y habilidades— que podrían ayudarle a afrontar una problemática familiar importante: su hija de
quince años había sido diagnosticada de trastorno de la conducta
alimentaria y se encontraba ingresada, tras el segundo intento

autolítico. Convencida y apoyando sus brazos sobre el lomo de la yegua Zara, proponía que la yegua representaría «su experiencia», que sería su experiencia la que le facilitaría el afrontamiento y manejo de la situación. Conforme verbalizaba la palabra «experiencia», la yegua comenzó a andar suavemente, alejándose. Y ya lo creo que se alejó, salió incluso de la zona de trabajo a través de las cuerdas.

Yo visualicé aquellos segundos en los que ella se quedaba con los brazos en alto como si el lomo del animal siguiese bajo ellos, observando atónita cómo lo que ella creía que le podría ayudar se desvanecía, se distanciaba, se iba. Nunca olvidaré aquella imagen. Le pregunté si quería que lo hablásemos: «No, no hace falta, ya me ha dicho todo lo que necesitaba saber». Pero ahí no quedó la cosa. Mientras le planteaba continuar con la actividad, se acercó un caballo diferente y le propuse que pensase en qué otros apoyos o capacidades podrían serle de ayuda. Eligió el caballo que se acercaba: «Este mismo, que ha venido, y va a representar a mis amigos, a mi familia, a mi gente». Hoy sigue ahí su gente, apoyando y acompañando su proceso.

La cuestión que planteó la yegua huidiza fue tomar consciencia de la necesidad de «cambiar» de foco, mirar y descubrir desde otro lugar que lo de antes ya no era tan válido, que lo de antes era lo que le había propiciado no cambiar, continuar en la misma situación… Este tipo de cosas son las que nos sugieren una frase muy extendida que trata de explicar cómo es el trabajo con caballos y se nos llena la boca cuando decimos que trabajar con caballos es muy «potente».

Me voy a permitir, una vez más, ser poco ortodoxa como consecuencia de lo que considero mi reaprendizaje.

Cuando por primera vez expresé públicamente la idea de que creía que existía la psicopatología «normal», sentí sobre mi piel las cuchilladas de las orejas escépticas que lo escucharon. Es más, no seguí demasiado con el tema que sentía que me iba embarrando a cada palabra que emitía y, una vez más, pensé: «Calla, que a ver cómo sales de este charco en el que te estás metiendo».

Trataba de explicar que llamo psicopatología «normal» a todos aquellos trastornos, alteraciones, hábitos y conductas que no impiden que una persona se desenvuelva adecuadamente en aquellas áreas que socialmente están establecidas como parte de la vida «normalizada», pero que repercuten o inciden en su estado personal y relaciones con más o menos intensidad[20].

En apariencia, se presenta un elevado índice de adaptación social —trabajo, casa, familia, coche, hipoteca, etc.— que se interpreta como normalidad, pero en ocasiones se producen adaptaciones sociales a costa del quiebre de la persona —individuo—.

He tenido pacientes que lavaban el dinero, alguno que para ir a trabajar se tomaba las pastillas de los perros, alguna que decía ser novia de un futbolista famoso, a más de una que afirmaba, llena de golpes, que sabía cómo pararlo. Todos, absolutamente todos, con familia, con trabajo, mejores o peores, con hijos, participando de redes sociales —no las de ahora, sino las de entonces: jugar al mus, salir al campo, ir al parque con los niños, celebrar cumpleaños, tomar café con amigos…—. También he atendido maltrato

---

[20] Lo que Cesáreo Hernández, en su artículo «Diferencias entre el coaching y la psicología desde una perspectiva filosófica», denomina «patología blanca»: «un estado de enfermedad psíquica encubierta y normalizada». Blog: fipsicología: http://finanzas-personales.practicopedia.lainformacion.com/

a hombres —a uno lo recuerdo con especial dedicación, que no le importaba el maltrato, sino que le creyesen—.

Todos tenemos algún «trastorno», según el DRAE:

trastorno
1. m. Acción y efecto de trastornar.
2. m. Alteración leve de la salud.
3. m. *Der.* Enajenación mental.

enajenación
1. f. Acción y efecto de enajenar o enajenarse.
2. f. Distracción, falta de atención, embeleso.
3. f. *Der.* Enajenación mental.

enajenación mental
1. f. locura (privación del juicio).
2. f. *Der.* Estado mental de quien no es responsable de sus actos; puede ser permanente o transitorio.

locura
De *loco* y *-ura*.
1. f. Privación del juicio o del uso de la razón.
2. f. Acción inconsiderada o gran desacierto.
3. f. Acción que, por su carácter anómalo, causa sorpresa.
4. f. Exaltación del ánimo o de los ánimos, producida por algún afecto u otro incentivo.

con locura
1. loc. adv. Muchísimo, extremadamente.

de locura
1. loc. adj. Extraordinario, fuera de lo común.

Si nos fijamos en esta última frase, para que no existiese locura todos deberíamos ser y actuar de igual modo. Por otro lado, también queremos considerarnos únicos y especiales —arma de «venta» excepcional—.

Es en este sentido en el que las IAC suponen un ámbito de «detección» por sus propias características y del que hay que ser muy conscientes y cuidadosos. Los caballos logran hacer aflorar lo más recóndito de nuestro ser y nos aportan una gran cantidad de información que puede, bien manejada, llegar a ser muy útil para las personas con las que trabajamos.

2.4. Los mecanismos de defensa

De ninguna manera voy a ocultar que tanto mi formación como mi proceso personal se han nutrido del psicoanálisis, opción que elegí en su momento por el simple hecho de ser minoritaria por entonces, no oficial y, desde luego, distinta a los cánones académicos frente al conductismo. No he desaprendido, simplemente reaprendo o lo intento.

Los mecanismos de defensa fueron propuestos desde la teoría psicoanalítica tanto por Sigmund Freud como por otros autores como Karl Abraham, y han sido integrados ya al acervo común de la psicología en general.

La Asociación Psiquiátrica Americana los ha recogido en una «escala de mecanismos de defensa», como eje diagnóstico, y los denomina «estrategias de afrontamiento».

Una variedad de autores han expuesto sus puntos de vista acerca de la función de mecanismos de defensa. La de Arthur Staats, que me agrada, propone que «los mecanismos de defensa implican el funcionamiento de repertorios de lenguaje complejo, de modo que reducen la emocionalidad negativa que, de otra forma, la persona experimentaría».

Desde el punto de vista conductual, los seres humanos aprenden a proveerse a sí mismos de estimulación, con lo cual aumentan las probabilidades de anticipar la estimulación ambiental. Es decir, se anticipan a su ambiente, con lo cual aumentan su adaptabilidad a eventos futuros similares a eventos de su pasado que hayan tenido algún grado de similitud. Este es el fundamento empírico de la característica que tienen los seres humanos de no sólo recibir y emitir estimulación aversiva de su ambiente, sino también interiorizarla. De este modo, no sólo es motivante evitar la estimulación displacentera del ambiente, sino también evitar aquella del interior —respuestas coverantes—. Las formas de evitar este tipo de estimulación aversiva coverante son, justamente, los mecanismos de defensa.

Planteados desde la teoría psicoanalítica, los mecanismos de defensa son referidos como los mecanismos de defensa del Yo. Así pueden ser categorizados, apareciendo cuando los impulsos del Ello están en conflicto unos con otros, cuando los impulsos del Ello entran en conflicto con los valores y creencias del Superyó, y cuando una amenaza externa es planteada al Yo.

Los mecanismos de defensa son estrategias psicológicas inconscientes puestas en juego para hacer frente a la realidad y mantener la integridad de la autoimagen. Las personas sanas normalmente utilizan diferentes defensas a lo largo de la vida.

Un mecanismo de defensa del yo se transforma en patológico sólo cuando su uso persistente conduce a un comportamiento inadaptado tal que la salud física y/o mental del individuo se ve afectada desfavorablemente. La función de los mecanismos de defensa del Yo es proteger la mente —el sí mismo o Yo— de la ansiedad o sanciones sociales y/o para proporcionar un refugio frente a una situación a la que uno, conscientemente, no puede hacer frente en un momento dado.

La angustia juega un papel esencial en la producción de la defensa, dentro de la teoría freudiana. Ella es una señal de alerta al Yo, que es la instancia intrapsíquica que produce los diversos mecanismos de defensa y de adaptación.

El mecanismo de defensa principal, clave para todas las demás, es la represión, que logra que el Yo desplace las representaciones de la consciencia a un nivel inconsciente —fundamento principal de la neurosis—. Esa representación reprimida es la que motiva la aparición de síntomas.

El término «mecanismo de defensa» se entiende, en general, referido a características de rasgos de personalidad que surgen debido a la pérdida o experiencias traumáticas, pero más exactamente se refiere a diferentes tipos de reacciones.

Los mecanismos de defensa se confunden a veces con estrategias de afrontamiento, que se refieren a comportamientos y actividades de los que el individuo es consciente, y no: «mecanismos de defensa» son procesos mentales inconscientes, diversas formas de defensa psicológica con las cuales el sujeto consigue vencer, evitar, rodear, escapar, ignorar o sentir angustias, frustraciones y amenazas por medio del retiro de los estímulos cognitivos que las producirían.

Las llamadas «técnicas de ajuste básico», «mecanismos homeostáticos» y las «estrategias de afrontamiento» son, junto a los mecanismos de defensa, mecanismos psicológicos que reducen las consecuencias de un acontecimiento estresante, de modo que el individuo puede seguir «funcionando».

Los modelos de comportamiento que componen la psiquis en el ser humano son un compuesto de fuerzas que son la interacción de características genéticas, características instintivas que residen en el inconsciente y los factores de desarrollo, que incluyen: adiestramiento, circunstancias ambientales del individuo, experiencia y formación.

La mayor parte de las personas mantienen un balance equilibrado entre estas fuerzas. Algunas veces el balance es mínimo y se ajusta con los mecanismos de defensa.

Principales mecanismos de defensa.

- Condensación
- Desplazamiento
- Disociación
- Formación reactiva
- Negación
- Proyección
- Racionalización
- Represión
- Regresión

Después de Sigmund Freud, autores posteriores como Anna Freud, Melanie Klein y Alfred Adler han propuesto una variedad de mecanismos de defensa cuya concepción les ayudó a describir y comprender los fenómenos clínicos que observaron en una gran variedad de sujetos, tanto niños como adultos:

- Actuación o paso al acto *(acting out)*
- Altruismo (como mecanismo de defensa)
- Identificación con el agresor
- Identificación proyectiva
- Intelectualización
- Sublimación
- Supresión
- Introyección
- Fijación

Los métodos más usados habitualmente por las personas para vencer, evitar, rodear, escapar, o ignorar las frustraciones y amenazas son:

Disociación: mecanismo mediante el cual el inconsciente nos hace olvidar enérgicamente eventos o pensamientos que serían dolorosos si se les permitiese acceder a un nivel consciente. Una cosa es que nos cueste saber lo que sentimos y otra creer que no sentimos.

Negación: fenómeno mediante el cual el individuo trata factores obvios de la realidad como si no existieran. Como cuando una persona pierde a un familiar muy querido, como por ejemplo su madre, y se niega a aceptar que ella ya ha muerto y se convence a sí misma de que sólo está de viaje u otra excusa.

Introyección —opuesto a proyección—: es la incorporación subjetiva por parte de una persona de rasgos que son característicos de otra. Una persona puede incorporar como suyas las actitudes y las simpatías de otra persona y así, si esa otra persona tiene antipatía hacia alguien determinado, la primera sentirá también antipatía hacia ese alguien determinado.

Regresión: es el retorno a un funcionamiento mental de nivel anterior —más infantil—. Hay niños que pueden retraerse a un nivel más infantil cuando nacen sus hermanos y mostrar un comportamiento inmaduro, como chuparse el dedo o volver a mojar la cama.

Formación reactiva o **reacción formada**: sirve para prevenir que un pensamiento doloroso o controvertido emerja. El pensamiento es sustituido inmediatamente por uno agradable. Como cuando una persona que no puede reconocer ante sí misma que otra persona le produce antipatía, nunca le muestra señales de hostilidad y siempre le ofrece un rostro amable.

Aislamiento: es la separación del recuerdo y los sentimientos —afecto, odio—. Hay personas que relatan acontecimientos brutales de su historia exactamente igual que si te estuviesen contando que ayer fueron al cine, narran los pormenores con una completa ausencia de emoción.

Desplazamiento: lo que se produce es que no sólo el sentimiento conectado a una persona o hecho en particular es separado, sino que además ese sentimiento se une a otra persona o hecho. Es de alguna manera el «pagan justos por pecadores».

Racionalización: se trata de la sustitución de una razón inaceptable pero real por otra aceptable. No deseo, por ejemplo, estudiar para un examen. Me busco las vueltas para argumentarme que uno debe relajarse antes y justifico el tomar el sol en la terraza en lugar de estudiar. ¿No os recuerda un poco a la procrastinación?[21]

Proyección: es el mecanismo por el cual sentimientos, deseos, afectos o ideas dolorosas respecto de uno mismo son proyectadas hacia otras personas/seres o cosas cercanas y que el individuo siente como ajenas y que no tienen nada que ver con él. En un dicho: «Antes se ve la paja en el ojo ajeno que la viga en el propio». Desde mi punto de vista hay mucha proyección.

Yo me atrevería también a hablar del antropocentrismo como forma —no tanto mecanismo de defensa— de proyección; referido al caballo, por ejemplo, entendemos nuestras necesidades como suyas; necesita una manta cuando nosotros tenemos frío, teniendo él sus propios mecanismos de defensa frente al frío —y valga la redundancia— y un sinfín de cosas que nos hacen pensar y sentir que está bien, pero que contravienen sus necesidades y hábitos como caballo.

Y nos detenemos en este mecanismo de defensa que es el que propicia que leamos y escuchemos en el ámbito del CAC y la PAE la frase: «El caballo es nuestro espejo». Desde este contexto me planteo el análisis, no desde otro; es que, sinceramente, me rechina la frase, cada vez más. ¿Hay semejanza entre un caballo y un espejo?

Figurativamente, no me cabe la menor duda: los símiles, metáforas, alegorías, epítetos, paradojas, han sido utilizados histórica y

---

[21] La procrastinación (del latín «procrastinare»: pro, adelante, y crastinus, referente al futuro) es la postergación o posposición de la acción o hábito de retrasar actividades o situaciones que deben atenderse, sustituyéndolas por otras situaciones más irrelevantes o agradables.

literariamente cargados de beneplácitos, belleza y sabiduría, pero «el caballo es nuestro espejo» es una afirmación.

Desde lo más esencial de una escala de valores que pueda expresar el respeto a los seres vivos —en general— desde la consideración de iguales, en un intento de abandono —ahora sí, desaprendizaje— del antropocentrismo, el caballo, con sus características, particularidades, diferencias y semejanzas con nosotros —humanes— merece un lugar que va mucho más allá de cualquier consideración metodológica o instrumental.

Creo que soy consciente de lo que se pretende o intenta transmitir con esta frase, pero eso no quita que me plantee su adecuación o corrección en términos generales.

Desde un humilde punto de vista, el mío, estrictamente no tiene nada que ver el animal con el objeto: el caballo me aporta, no me refleja, la oportunidad de no poder ser de otra forma que no sea el yo mismo. Y esto puede ser objeto de escaso debate, porque en eso sí que hay acuerdo.

Nuestra responsabilidad al respecto de los conceptos que formulamos como profesionales —no todos tenemos por qué saber de todo— es primordial, ya que es la idea que se haga la población general, la idea que se divulgue o popularice, la exactitud o quimera con que se instaure, de la que ineludiblemente se harán eco los medios. Es necesaria la pulcritud en los conceptos, en su expresión y en su uso o divulgación. Es una parte de nuestra responsabilidad social como profesionales.

Contar con el caballo e integrarlo como facilitador y compañero de trabajo en cualquier equipo que desarrolle Intervenciones Asistidas con Caballos debe ser desde lo que es, no desde lo que yo quiero que sea o desde lo que yo creo que es, no desde el para qué me sirve o desde el qué es lo que más les llegará a los demás. Exige un nivel de respeto al que no estamos ni educados ni acostumbrados, que nos resulta de difícil acceso por infinidad de condicionantes. Pero eso sí, cada uno desde su lugar, el que la naturaleza nos impone: «Nacer en un establo no hace de ti un caballo».

Y se me ocurre a modo de resumen, que cuando las técnicas de ajuste del comportamiento no son suficientes para equilibrar la realidad y/o su percepción, el resultado puede llegar a ser lo que son calificadas como psicopatologías acompañadas con frecuencia por alteraciones biológicas, los llamados síntomas o alteraciones psicosomáticas y, más o menos, graves y/o crónicas.

Los intentos de suicidio y los trastornos delirantes, que serían recursos defensivos más propios de trastornos de la personalidad, de la esquizofrenia y de otros trastornos psicóticos, sin embargo, no existe ningún impedimento para que cualquier persona recurra a ellos si las defensas de tipo neurótico son insuficientes y el estímulo desborda en intensidad las capacidades defensivas del individuo.

Así visto, es curioso cómo la enfermedad psicológica, en términos generales, tiene un alto componente de mecanismo de compensación, balance y equilibrio —adaptación—. «No es síntoma de buena salud estar perfectamente adaptado a una sociedad enferma» (J. Krishnamurti).

En lo que respecta a este apartado, incidimos en el planteamiento necesario de que, como profesionales, debemos ser consecuentes y saber que cuando nuestro cuerpo, nuestro sentido común, nuestro conocimiento y experiencia nos dicen algo, en nosotros también están funcionando lo inconsciente, los mecanismos de defensa y todo aquello que podemos estar observando en el cliente, debemos entrenarnos para escuchar estos mensajes: el proceso personal. Dejemos hablar y escuchemos a nuestra intuición, pero con humildad. Los animales humanos, en tanto animales, no nos diferenciamos mucho unos de otros.

2.5. El proceso personal: ámbito de intervención

Nunca somos los mismos, ni nosotros, ni nuestras circunstancias, ni nuestro entorno, y uno de los responsables es el tiempo. Es decir, cambiamos de forma no consciente ni intencionada, queramos o no, y es difícil darnos cuenta de en qué cambiamos o cómo.

La toma de consciencia de estos cambios es lo que podríamos denominar como la esencia de los procesos de «desarrollo/crecimiento personal», a los que todos estamos sometidos, queramos o no, seamos conscientes o no.

Desde la concepción y la premisa de que el aprendizaje implica cambio, podemos decir que el desarrollo/crecimiento de las personas es un proceso de cambio continuo.

- La vida es un juego entre el cambio y la continuidad.
- Los cambios interactúan unos con otros a modo de sistema, de tal manera que un cambio en un aspecto afecta a otros aspectos, tanto en nuestras vidas como en las de los que nos rodean.
- Un cambio en apariencia pequeño puede llegar a tener unos efectos impresionantes, así como un gran cambio puede no tener consecuencias importantes en la estructura básica de la persona.

Y desde esta perspectiva podemos plantear genéricamente los ámbitos de actuación de las IAC «pie a tierra»: todos aquellos en los que se requiera un cambio.

Las IAC «pie a tierra» son una metodología para su abordaje —el del cambio—, cuyo abanico de aplicación es tan amplio que nos atrevemos a afirmar que pueden contribuir en todos los ámbitos en los que se puede intervenir con el ser humano y requieran un cambio.

Mi «mochila» —podríamos llamar mochila al conjunto de elementos que nos constituyen como personas y por esa misma razón nos condicionan: valores, experiencias vitales y profesionales, culturales, etc.— me imposibilita atender a un maltratador, porque mi experiencia profesional ha incidido en mi escala de valores hasta el punto de que me impedirían tratarlo de forma objetiva —no porque crea que no tiene derecho a tratamiento, a una oportunidad de cambio y/o ayuda—. Las familias numerosas me «caen mejor» que las que no lo son. Me atrevo a afirmar que todos tenemos un nombre crucificado, siendo más o menos conscientes de ello: el de un profesor borde, el de una tía poco empática, o el «no sé por qué, pero me horroriza ese nombre». Esos elementos de la mochila están directamente asociados a nuestras vivencias y experiencias previas, a nuestra historia. ¿Qué hacemos cuando nos llega un cliente/paciente con «ese nombre»? Pues lo reitero. Lo primero es ser consciente de ello, sólo desde ahí podremos manejar su incidencia o no en la relación terapéutica, incluyendo la honestidad profesional de tener presente la posibilidad de una derivación a otro profesional si no somos capaces de evitar esa incidencia y descargar un poco la mochila.

Ya lo hemos comentado, el concepto de congruencia es uno de los más interesantes y significativos que nos aportan los caballos, que sólo puede darse desde la toma de consciencia y que, curiosamente, entraría en contradicción con el concepto de psicopatología.

Se ha dicho durante mucho tiempo que cuando alguien es consciente de su enfermedad, tiene avanzado el proceso terapéutico en un orden del 50 %. Si le damos la vuelta a este argumento, cuanta menos consciencia de enfermedad se tiene, más enfermo se está y más difícil es abordar el proceso. Si trabajamos nuestra congruencia —desde nuestro autoconocimiento y toma de consciencia—, con mayores garantías podremos abordar cualquier proceso IAC «pie a tierra» y, por otro lado, cuanto más consciente sea el cliente de su situación, podríamos decir que menos «enfermedad» presenta, mejor pronóstico y más posibilidades de abordaje.

De la congruencia ya hemos dicho que hace referencia a la «alineación» entre sentimientos, sensaciones, pensamientos y acciones o conductas, es un elemento fundamental en el trabajo con caballos. Aunque parezca de Perogrullo, se trataría de ser lo más congruente posible, y una congruencia es aceptar y asumir las contradicciones propias del ser humano.

En una ocasión, durante un curso, un caballo me dio un buen mordisco en un brazo, un caballo *appaloosa* al que tenía que dar de comer a diario. Y mi temor a que se volviese a repetir semejante conducta hacía que mi corazón palpitara a un ritmo casi visible desde el exterior y que mis piernas sintieran el temblor y el gusanillo del miedo, hasta que un día me salió mirarle a los ojos y confesarle mi temor en lugar de intentar controlarlo o pelearme con él. Se lo dije a la cara. Me miraba con esos ojos difíciles de adivinar: «Tío, me das miedo». Él estaba comiendo su ración de pienso y, curiosamente, retiró de mí su mirada y siguió comiendo. Yo lo sentí como aceptación por su parte, pero me equivocaba. No fue su aceptación, fue la mía la que cambió nuestra relación.

La observación limpia, la percepción activa de nuestras sensaciones, la escucha de nuestras intuiciones y el sentido común nos pueden aportar la información necesaria para discriminar si el proceso a abordar es CAC o PAE.

La necesaria escucha de los silencios, de lo que no se dice, es tremendamente importante en consulta, sea cual sea la terapia que se esté siguiendo.

Es difícil percibir cómo los temas que identificamos o asimilamos como importantes, en multitud de ocasiones, son asuntos inconscientemente utilizados para no abordar algunos otros que se contienen. Yo los llamo «temas tapón», aquellos que ocupan tanto en nuestro discurso y/o nuestra vivencia que no dejan lugar a que afloren otros que por lógica y sentido común deberían estar presentes.

Evitan afrontamientos, tapan carencias, temores, dolores, contradicciones y se imponen más allá de nuestra voluntad y consciencia. Nos son útiles para no sentir, no plantearnos, no desbordarnos, aunque su apariencia sea otra.

Los temas tapón pueden ser algunos que tienen un gran peso cultural, social o educativo, que asumimos e inconscientemente hacemos nuestros hasta el punto de convertirlos en valores sociales, siendo simplemente tópicos, lugares comunes o estereotipias cognitivas: los hijos, las tías o los tíos, el trabajo, el fútbol, la política, el estudio, el dinero, el tiempo, la salud... Pero cualquiera de ellos, en la adecuada medida de su recurrencia o aparición, son simplemente temas, asuntos que tenemos entre manos, que nos afectan o conmueven directa o indirectamente, individual o socialmente.

Aquel tema del que nos defendemos con argumentaciones a capa y espada, aquel que rechazamos efusivamente con uñas y dientes, aquel que no nos cabe concebir, aceptar o asumir, porque no podría soportar lo que nos haría sentir si lo abordase, es el tema taponado. Los temas taponados son los que sugieren algún conflicto. Estoy tratando de exponer, desde otro lugar, un mecanismo de defensa.

Aprendí, como profesional, a escuchar —y a escucharme— aquellas cosas que no se dicen —no los silencios, sino las ausencias—, aquellas que por puro sentido común deberían tener un lugar en nuestro discurso y que no aparecen: los temas taponados, frente a todos aquellos que aparecen con profusión y excesiva frecuencia e intensidad en nuestra vivencia y en nuestro relato.

Los tapones se prestan a ser confundidos con las pasiones, las preocupaciones o los secretos, pero estos son conscientes, los tapones no.

La toma de consciencia se asemeja a descorchar un cava: si no lo haces, nunca llegarás a saborearlo, a disfrutarlo. Por mucho que impacte el descorche en su incontrolado estallido, merece la pena para brindar, compartirlo, beberlo y celebrar con él.

Las cosas que no se escuchan, las ausencias, son las que sienten los caballos. Me llego a plantear si los caballos no son, para algunos o muchos de nosotros, un «dulce» tema tapón y, si es el caso, me surge el interrogante: ¿cuáles serán los temas que están taponando?

Pero, como hemos visto con el tema de la psicopatología «normal» —«patología blanca»—, muchas personas se acercan al trabajo con caballos sin acabar de saber por qué, simplemente porque les aporta un bienestar más o menos específico o les motiva un deseo que no acaban de poder verbalizar. Sólo digo «atentos, que podemos estar en presencia de trastornos/conflictos internos que no han necesitado emerger hasta la fecha». La valoración en este punto es imprescindible para continuar o hacer una derivación, para consultar con otro profesional y hacer una adecuada devolución en función de lo que como profesionales percibimos que necesita la persona.

La honestidad no sólo pasa por saber reconocer nuestra mochila, sino por saber aceptar lo que en función de nuestra mochila nos es desagradable, de difícil o inapropiado manejo, con cuidado de no poner en marcha alguno de los mecanismos de defensa.

2.6. Población diana: target

En el CAC encaja cualquier persona, grupo o colectivo que desee mejorar, avanzar y disfrutar de una toma de consciencia superior a la que tenga en ese momento, con motivación hacia las áreas de crecimiento y desarrollo personal y con predisposición al cambio.

La PAE, en general, y por tratar de clarificar un poco, va dirigida a todas aquellas personas que presenten trastornos que puedan ser objeto de la atención psicológica según el modelo tradicional.

Pero no quiero pasar por alto un concepto con el que hemos trabajado siempre en el ámbito de lo psicológico y lo social: la discriminación entre la demanda implícita y la explícita. Una cosa es lo que solicita la persona y tal vez otra lo que necesita.

No me quiero extender, pero es fundamental valorar qué tipo de demanda es la que se está manejando, que va muy ligado a los objetivos de la intervención.

Nos llamó un empresario que quería conocer la metodología para valorar si la introduciría en los procesos de formación y desarrollo en sus equipos de trabajo. Para que fuese viable —se supone que sólo quería conocer la metodología— nos propuso hacer una sesión con su familia. Accedimos, dado el propósito verbalizado, y planteamos una jornada lúdica de actividades asistidas con caballos. No me extiendo más. Realizamos diversos ejercicios a lo largo de tres horas. Cuando se iba a marchar, con la familia y el perro ya en el coche y las llaves en la mano, se me acerca y me pregunta: «Pero oye, ya que estamos, ¿me puedes decir qué has visto en mi familia?». No fui nada ortodoxa, lo reconozco, le di un azote cariñoso en el culo y le dije: «Si quieres, me llamas y quedamos en el despacho».

No digo de ninguna manera que viniese a un «diagnóstico» familiar disfrazándolo de «quiero conocer la metodología». Lo que quisiera transmitir es que había una demanda implícita que verbalizó después de la sesión. Me quedo con una pregunta: «¿Qué hay que yo pueda ver y no él?», y os aseguro que eso salió en la sesión, lo vieron los caballos y lo actuaron, pero no era el objeto de trabajo.

2.7. ¿Dónde tengo puesto el foco?

La teoría la de las cosas pequeñas la llamo así sólo por juego, ya que, en realidad, se refiere al mecanismo de la atención selectiva o focalizada[22]. Pero la teoría de las cosas pequeñas gravita en torno a la capacidad que podamos tener para aceptar y tener presente que somos seres limitados, internamente —por nuestras propias particularidades fisiológicas, anatómicas y psicológicas— y externamente —por lo social y cultural, por el contexto histórico—. No podemos prestar atención a todo, no podemos ser conscientes de todo, no podemos atender a todo; nos disiparíamos en el mundo de lo pequeño.

Si pudiésemos estar atentos y ser conscientes de todo, actuar sobre todo lo que nos rodea y nos interesa, nos volveríamos locos. Somos selectivos; yo lo clasificaría como mecanismo de defensa, pero no intrapsíquico, como los ya descritos, sino psicofisiológico.

¿Os habéis realmente parado a pensar si escucháis o cuál es la razón que nos impide hacerlo? La escucha es la percepción de sonidos de manera voluntaria y atenta, y yo destacaría especialmente lo de «voluntaria y atenta».

Por eso, la capacidad de abstracción es muy útil: la visión global, la atención flotante, la escucha activa… La ciencia se maneja con un tipo de razonamiento muy concreto: el inductivo. Los razonamientos inductivos, a diferencia de los deductivos, van de

---

[22] La atención selectiva tiene una función adaptativa clara. Nuestro sistema cognitivo tiene una capacidad limitada y, si tuviéramos que dar respuesta a todos los estímulos que nos envuelven, este se vería amenazado y sobresaturado de información. Por otra parte, si no seleccionáramos qué actividades son más relevantes y debemos hacer en un momento determinado, estas estarían continuamente entorpecidas por el inicio de nuevas acciones. La atención selectiva es la actividad que pone en marcha y controla todos los procesos y mecanismos por los cuales el organismo procesa tan sólo una parte de toda la información y/o da respuesta tan sólo a aquellas demandas del ambiente que son realmente útiles o importantes para el individuo. Por si queréis indagar, hay mucho escrito y estudiado sobre la atención selectiva o focalizada, sólo me gustaría señalar la importancia que tiene en los procesos de aprendizaje y cambio.

lo particular a lo general, o de lo menos general a lo más general, lo que nos permite obtener un juicio universal.

«Todas las generalizaciones son peligrosas, incluso esta» (A. Dumas).

La generalidad nos hace perder el detalle, desatender las cosas pequeñas y desatender o no focalizar tanto en lo individual y excepcional; por el contrario, la especialización nos hacer perder la visión global, el contexto en términos generales (momento histórico, cultura en la que nos movemos, nivel socioeconómico al que pertenecemos, etc.).

En lo cotidiano —y en lo no tanto— normalmente operamos con el razonamiento deductivo. Puede decirse que es el método más común o más utilizado al momento de razonar. Preferimos fundamentar nuestros argumentos o hipótesis en principios o leyes generales. El razonamiento deductivo es el «proceso discursivo y descendente que pasa de lo general a lo particular». Proceso discursivo porque es mediato, porque se efectúa siguiendo una serie de pasos lógicos[23], y descendente porque baja, desciende de algo general a un aspecto particular y/o singular; en fin, llega a lo individual o concreto a partir de lo abstracto.

Imaginemos por un momento que utilizásemos el método inductivo como forma general de razonamiento. Sería imposible por nuestras propias limitaciones y por nuestra forma de vida el estar atentos y ser conscientes de todo, sólo tendríamos tiempo para utilizar nuestras habilidades cognitivas en deducir. Andaríamos por el mundo «desadaptados».

---

[23] Un libro que me fascinó y que considero imprescindible para indagar en este tema es Introducción a la lógica formal, de Alfredo Deaño. Sólo para curiosos perseverantes.

Imaginemos por un momento que sólo atendiéramos a lo general: nos importaría un comino lo concreto. Aquí aparece una vez más la idea de balance/equilibrio.

Trato de reflexionar mucho sobre la idea de «equilibrio», que también está muy de moda, y llego a la conclusión de que es más adecuado hablar de «balance». La balanza nunca se equilibra de forma estática, siempre está en movimiento, se balancea.

¿Cómo es la atención del caballo? ¿También es selectiva? No sé dar una respuesta a esta pregunta, pero de lo que estoy convencida es de que su capacidad de atención y percepción es infinitamente superior a la nuestra. Se me ocurre que está directamente ligada a su instinto de supervivencia, y ese es uno de sus grandes aportes. Es extraordinaria y de naturaleza diferente a la nuestra. Los caballos hablan desde un lugar diferente.

2.8. El proceso de intervención

El perfil

El perfil es un modo de ubicar a la persona con sus datos genéricos de referencia. Lo que se denomina perfil son sus características personales, históricas, sociales, familiares, laborales, etc., pero expresadas de un modo genérico: sexo, edad, características socioculturales, rasgos de la familia de origen y demás. Cuando se detalla es lo que técnicamente se llama anamnesis, historia pormenorizada de antecedentes y situación actual referida a todos los ámbitos de su vida.

En el perfil se diría: familia numerosa; en la anamnesis: familia de ocho hermanos, tres mujeres y cinco varones, siendo el paciente el cuarto, por ejemplo.

La historia clínica hace referencia a la historia de las diferentes actuaciones que se han realizado con el paciente a nivel de intervenciones sociosanitarias.

El perfil alude más a la situación general de la persona, apuntando siempre al contexto, pero nunca para establecer prejuicios o emitir juicios de valor, y puede ser un instrumento que nos sirva para tomar consciencia de alguno de los elementos que vamos cargando en nuestras propias «mochilas».

No está consensuado en CAC —al menos que yo sepa—, aunque sí en PAE, el tema de la necesidad/adecuación/obligación de realizar una entrevista previa a cualquier sesión de IAC. Es una cuestión que, salvo que las cosas hayan cambiado, se dejaba más al criterio de cada profesional, pero mi experiencia me inclina a su realización, ya que creo necesario conocer —o al menos tener una idea— de qué es lo que nos vamos a encontrar en la pista, especialmente en las sesiones individuales. Es por dónde empezamos. Sería algo parecido al querer hacer una obra de arte: empecemos por el material con el que vamos a trabajar (barro, pintura, metal…). Luego viene la técnica; en nuestro caso, la metodología.

Pero, además, me sirve para contarle a mi equipo —humanes y caballos— lo que tenemos por delante antes de una sesión.

Respecto de las intervenciones grupales, me parece fundamental tener una aproximación al perfil del grupo. Mi modo de hacerlo es mediante un pequeño cuestionario abierto que, aunque parezca mentira, aporta mucha información del grupo y de los individuos que lo configuran.

Ya hemos hablado largo del perfil. Frente a lo general, nos han habituado a lo exhaustivo —entrevista clínica, anamnesis, datos, genograma, etc.—, y en muchas situaciones es muy necesario, pero en otras hay que ser consciente de que la especialización y la información exhaustiva nos hacen perder la visión y la comprehensión global. En este sentido, las preguntas abiertas facilitan que las personas escriban lo que les sugiere y eso tiene un gran componente inconsciente, no racionalizado —y si lo es, se nota—, y responden con sinceridad incondicional en la mayoría de los casos.

De la labor de recoger y analizar las respuestas obtenidas en más de trescientos cincuenta cuestionarios, comparto las que más me han llamado la atención.

1. ¿Has tenido experiencia previa con caballos?
La respuesta más genial: «Un poco».

2. Por favor, cuéntanos brevemente qué te motiva a hacer este curso/taller/ sesión.
La respuesta más frecuente: «Aprender».

3. ¿Realizas fuera del ámbito laboral o escolar alguna actividad que «te apasione»?
De las respuestas a este ítem, el 87 % son un «no».
Ya nos dice mucho que el 87 % de la población, si es extrapolable (la campana de Gauss), no desarrolle sus pasiones, o no las tenga, que es peor.
Pero hay una que dan mayoritariamente los varones y que, metafóricamente, me da mucho juego para la reflexión: «Me apasiona correr».

4. ¿Tienes algún «problema» o «necesidad especial» que consideres debamos conocer?
La respuesta más larga: «En cuanto a psicología, a veces siento miedos o inseguridad o algún bajón de ánimo —coincide

a veces con los días previos al ciclo menstrual—. Sé que no se puede abarcar todo y que hay que asumir los puntos débiles y cuesta mucho: los miedos, momentos de ansiedad, momentos de frustración por planes truncados, cambios de planes en la vida, superar complejos que hayamos tenido… No sé exactamente qué responder a esta pregunta. Estoy comentando un poco mis puntos débiles en momentos determinados».

La más sorprendente a este ítem —o al menos a mí me lo pareció—: «No lo sé».

Los objetivos

Con los datos individuales y/o grupales, como he comentado ya, configuro el perfil que, en función de los objetivos, facilita la articulación de la estructuración (orden, temporalización, secuencias, pausas) de las actividades, los objetivos y el tipo de proceso que se van a desarrollar con los caballos.

No olvidemos nunca que esta es la programación, es «la que nunca sale». Es imprescindible estar «abiertos» y predispuestos a esto. Significa trabajar fuera de la zona de confort, con la observación y el respeto al proceso, ya sea del individuo o del grupo, pero, sobre todo, en función de lo que los caballos «vayan diciendo».

He de decir que es difícil que las personas entiendan la importancia de recabar este tipo de datos para establecer el perfil. Lo entienden de otra manera y lleva tiempo y dedicación transmitirlo. Algunos dicen: «Si ya respondí uno hace tiempo…». Sí, pero no era el mismo momento, ni el mismo taller; esta es la importancia del contexto y del momento.

Más adelante hablo de cómo he estructurado las actividades por criterios de clasificación: duración, objetivos, medios, tipos, etc.

Hubo un grupo en el que tengo la sensación de que fracasé abiertamente —me refiero a esto de la estructuración de las sesiones y el planteamiento de las actividades—, un grupo de madres. Pretendía vivenciar junto a sus hijos/as una experiencia que deseaban que fuese excepcional y se les quedase grabada para siempre —esos deseos verbalizados—. No atendí adecuadamente al «juntos» —ellas y sus hijos/as— y una de las primeras cosas que planteé fue su papel de observadoras encerradas en un círculo planteado sobre el suelo con una cuerda y sin que pudiesen utilizar la palabra. Estas mujeres nunca más volverán. No quiero decir que no disfrutasen, no que no aprendiesen, no que no tomasen consciencia, no que no… Pero no era lo que ellas querían/deseaban, no era lo que ellas habían visualizado/esperado, que puede no salir, y eso las personas lo aceptan abiertamente; en esta ocasión, me dejé llevar por el planteamiento de que los chavales disfrutasen, tuviesen una experiencia única y me olvidé —en cierto sentido— del «juntos». Ya nunca voy a dejar de lado este punto.

En este caso, tenía que haber facilitado fundamentalmente actividades mixtas/grupales con objetivos relacionados con la convivencia, los roles y la comunicación entre madres e hijos.

La última vez que estructuramos una sesión de este tipo (padres/madres y cachorros) —teniendo cuidado de no repetir los errores cometidos— fueron los padres/madres los que pidieron simplemente observar.

El desarrollo

En la pista, mediante las distintas actividades, favorecemos un proceso y facilitamos un espacio y, entonces, simplemente pasa lo que pasa.

Es importante analizar y procesar junto al cliente lo experimentado —*debriefing*[24]—, utilizando preguntas potentes —las socráticas de las que hablamos un poco más adelante—. La importancia del procesamiento inmediato *in situ* es uno de los elementos más poderosos del aprendizaje vivencial o experiencial: sentir, actuar y pensar integrando.

Nos referimos a un tipo de aprendizaje experiencial o vivencial.

APRENDIZAJE INTEGRAL = INFORMACIÓN + EXPERIMENTACIÓN

APRENDIZAJE REAL = CONOCIMIENTO +VIVENCIA = EXPERIENCIA

Sin dejar de lado que el aprendizaje implica un cambio inevitable.

Nunca somos los mismos, ya lo hemos dicho en relación al proceso personal. Con esta idea me identifiqué súbitamente y con mucha fuerza, porque descubrí que mi estilo de aprendizaje siempre había sido fundamentalmente experiencial y entendí la clave de mis dificultades en el colegio y en la facultad y, en cierto sentido, mi éxito como psicoterapeuta.

Sólo logré entender el teorema de Pitágoras cuando tuve que aplicarlo/vivenciarlo, y fue fascinante, porque funciona. Se habían olvidado en el mundo ilustrado de contarnos y mostrarnos para qué sirve. Por eso es importante que «integremos lo que sentimos en lo que pensamos».

---

[24] Anglicismo utilizado para lo que en castellano se puede denominar «devolución» o «análisis».

Aunque en muchas ocasiones nos encontramos que el efecto del trabajo con los caballos aparece *a posteriori*, queda el hecho de que la vivencia y el aprendizaje son instantáneos, no hay que racionalizarlo, ni memorizarlo, ni entenderlo. No se trata de contenidos, sino de vivencias, que con posterioridad encuentran su símil o analogía en la vida real.

Se puede identificar con lo que en psicoanálisis se llama *insight*, que tiene diferentes definiciones según qué autores.

Desde la psicología gestáltica se entiende como «la capacidad de captar cómo todas las partes del problema encajan para satisfacer las exigencias del objetivo, que implica reorganizar los elementos de la situación problemática y en consecuencia resolver el problema» (R. Mayer, 1986).

En la psicología psicodinámica, Erikson dice que «por *insight* entiendo algo más que la antigua consciencia de la ecuación personal, es decir, de los efectos distorsionantes que las peculiaridades del equipamiento sensorial del observador pueden tener sobre sus observaciones. El *insight* se proyecta hacia dentro, proponiéndonos indicios de la influencia que nuestras emociones y motivaciones centrales tienen en la elección y evaluación final de aquello que observamos. Y dado que nuestros móviles son parcialmente inconscientes —difícilmente asequibles al conocimiento—, esta evasiva capacidad para el *insight* nos obliga a plantearnos problemas de orden metodológico que no pueden eludirse» (E. Erikson, 1979).

En un intento de resumen, podemos concluir que el *insight* tiene las siguientes características:

1. Se produce mayoritariamente de manera no consciente.
2. Suele llegar de manera repentina.

3. Aporta la comprensión de una situación, problemática o aprendizaje no resueltos o inexistentes anteriormente.

4. El sujeto siente que eleva su nivel de consciencia de comprensión respecto a la situación.

Con lo dicho hasta ahora, podríamos definir el *insight,* desde una perspectiva cognitivo-conductual, como «aquel fenómeno cognitivo que se da normalmente de manera súbita en un sujeto en respuesta a una situación determinada y que permite la comprensión o solución de esta, invocando estrategias de afrontamiento o esquemas cognitivos distintos a los que ya poseía el sujeto anteriormente y que no eran suficientes para la superación exitosa de la problemática, provocando a su vez que el sujeto descubra una perspectiva adicional y no anteriormente conocida de la situación» (V. Seguí, 2011).

El *insight* es parecido al vulgar «eureka» del noble Arquímedes de Siracusa que utilizamos cuando logramos encontrar una solución a algo, pero el *insight* se corresponde más a una sensación profunda que a su traducción literal.

Las metáforas —en el modelo EAGALA— cobran una importancia similar al *insight,* ya que funcionan como una figura retórica de pensamiento por medio de la cual una realidad o concepto se expresa por medio de una realidad o concepto diferentes con los que lo representado guarda relación de semejanza, aunque esta sea puramente subjetiva.

Es de ahí de donde surge una de las reglas más importantes del trabajo con caballos: «Nada está ni bien ni mal».

Dicho de una manera sencilla y por si puede servir de ejemplo, es factible que un cliente no pueda hablar directamente de un tema —que implicaría ser consciente—, pero gracias a la proyección puede hablar de él a través de las metáforas, sólo hace falta entrenamiento para reconocer cuándo aparecen.

Un ejemplo real: en una sesión un niño de once años —diagnosticado de TDAH— no podía hablar de él hasta que, de repente, dijo: «Me encanta este caballo, porque es como yo», y empezó a hablar del caballo. Le empecé a preguntar sobre el caballo y empezó sin darse cuenta a hablar de sí mismo. Ahí sí pudo hablar de él a través del caballo.

No esperéis nada brillante, sólo algo descriptivo que habríais podido encontrar vosotros mismos, con un poco de curiosidad, buscando en san Google, pero propongo un truco: «desterrar» en un principio cualquier «porqué» y aprender a formular otro tipo de preguntas. Esto no quiere decir que el porqué no sea necesario o no se pueda/deba utilizar. Simplemente lo planteo para practicar y vivenciar en un principio las puertas que nos abre el cambiar de lugar.

El porqué explica y nos tranquiliza (cognición), pero francamente me planteé en su momento si nos ayuda a resolver. Y creo que no.

La enseñanza socrática es el modelo de educación más antiguo, y aún hoy el más poderoso, para promover el pensamiento crítico[25]. Al utilizarla, nos centramos en formular preguntas en lugar de dar respuestas. Preguntas que invitan a pensar, primero con curiosidad para después promover el análisis. Se dice que

---

[25] Pensamiento crítico es el proceso que usamos para reflexionar sobre algo, acceder y juzgar las conjeturas que subyacen en las ideas y acciones propias o de otros.

siempre se asigna más valor a lo que uno mismo descubre que ofreciendo las respuestas ya construidas.

Venga, lo voy a confesar: las cosas ya construidas y no descubiertas son lo que yo llamo «ladrillos».

Os propongo una clasificación de distintos tipos de preguntas socráticas que encontré y que pueden facilitar el pensamiento crítico y, con él, el cambio de lugar simbólico.

1. Preguntas conceptuales aclaratorias

Estimular para pensar más reflexivamente respecto a qué es exactamente lo que se está pensando o lo que se está preguntando. A demostrar los conceptos que apoyan sus argumentos.

¿Qué quiere decir exactamente esto?

¿Cómo se relaciona esto con lo que hemos venido hablando, discutiendo?

¿Cuál es la naturaleza de…?

¿Qué es lo que ya sabemos respecto a esto?

¿Puede darme un ejemplo?

¿Lo qué usted quiere decir es… o…?

2. Preguntas para comprobar conjeturas o supuestos

Comprobar conjeturas hace que el otro piense acerca de presuposiciones y creencias no cuestionadas en las que están basadas sus argumentos.

¿Qué más podríamos asumir o suponer?

¿Parece que usted está asumiendo que…?

¿Cómo escogió esos supuestos?

¿Cómo puede usted verificar o negar este supuesto?

¿Qué pasaría si…?

¿Usted está de acuerdo o en desacuerdo con…?

3. Preguntas que exploran razones y evidencias

Cuando a los argumentos acompañan explicaciones razonadas, ayudan a profundizar en ese razonamiento en lugar de suponer que es algo que se da por sentado.

¿Cree que hay alguna razón o causa para que suceda esto?

¿Cómo sabe usted esto?

¿Puede mostrármelo?

¿Me puede dar un ejemplo de eso?

¿Son estas razones suficientemente buenas?

¿Cómo se podría refutar?

¿Cómo podría yo estar seguro de lo que usted está diciendo?

¿Qué evidencia existe para apoyar lo que usted está diciendo?

¿En qué basa su argumento?

4. Preguntas sobre puntos de vista y perspectivas

La mayoría de los argumentos se dan desde una posición o punto de vista particular. Hay que cuestionar la posición para mostrar que existen otros puntos de vista igualmente válidos.

¿De qué otra manera se podría mirar?

¿Enfocar esto parece razonable?

¿De qué otras maneras alternativas se puede mirar esto?

¿Podría explicar qué hace que esto sea necesario o beneficioso y a quién beneficia?

¿Cuál es la diferencia entre... y...?

¿Cuáles son las fortalezas y debilidades de...?

¿Cuál es la similitud entre... y...?

¿Qué se podría decir sobre esto?

¿Qué pasa si usted compara... y...?

¿Qué contrargumentos se podrían usar para...?

5. Preguntas para comprobar implicaciones y consecuencias

Los argumentos que se dan pueden tener implicaciones lógicas que se pueden pronosticar o predecir. ¿Tienen sentido? ¿Son deseables?

¿Y entonces qué pasaría?

¿Cuáles son las consecuencias de esa suposición o conjetura?

¿Cuáles son las implicaciones de…?

¿De qué manera… afecta a…?

¿En qué forma… se conecta con lo que aprendimos antes?

¿Qué está insinuando usted?

¿Qué generalizaciones puede usted hacer?

6. Preguntas sobre las preguntas

También puede volverse reflexivo sobre todo el tema, rotando las preguntas hacia las preguntas mismas, usando las preguntas formuladas en contra de ellos mismos.

¿Cuál era el punto de formular esta pregunta?

¿Qué cree que me hizo formular esa pregunta?

¿Qué quiere decir eso?

¿Cómo aplica… en la vida diaria?

Lo de las preguntas potentes se lo dejamos a Sócrates. Lo de la oportunidad es más complejo.

Esto no está claramente explicitado en la teoría. Simplemente es o no es, surge o no, depende de la sensibilidad, de la experiencia, también de la práctica, pero sobre todo de la observación y la escucha. Si está en el entrenamiento o en el desentrenamiento.

La solución proviene desde el otro y no desde el «debería ser» —los ladrillos—, por lo que el proceso de la escucha, ya definido más arriba, es fundamental, al igual que la proyección y la inmersión en el contexto (personal, social, cultural, histórico…).

La evaluación

Como en casi todo lo que consista en tomar o recabar datos disponemos de diversos métodos, fórmulas y modelos más o menos complejos y/o extensos, yo me he inclinado por una evaluación, anónima, abierta y cualitativa, pero con limitaciones. Para que las personas no se explayen demasiado, les aporto un trozo de papel del tamaño de un A-4, divido en tres y pido que traten de expresar en una frase qué les ha aportado la experiencia, jornada, taller o sesión.

Voy a compartir una de las que más me ha impactado: «Aprender, disfrutar, comprender, escuchar, sentir, emocionarte y compartir… Y todo esto sin pensar demasiado».

Como en el cuestionario inicial, que la evaluación sea abierta dificulta la estructuración de las respuestas, pero es sumamente enriquecedora.

La observación

Como definición de «observar», me ha parecido adecuado recoger la siguiente: «Mirar algo o a alguien con mucha atención y detenimiento para adquirir algún conocimiento sobre su comportamiento o sus características».

A la hora de programar actividades, no siempre cuadran los números, sobre todo en las grupales, ni cuadra el número de caballos y personas —o a la inversa— a la hora de organizar las actividades y la participación. Estamos hablando de algo que desarrollamos un poco más adelante, pero que me ha parecido apropiado integrar en el apartado de la formación: el papel de la participación activa desde la observación; lo proactivo puede llegar a ser simplemente una actitud.

Os transcribo lo que me escribió una compañera después de participar en una sesión grupal. Creo que yo no podría decirlo mejor:

Uno de los grandes beneficios que genera participar en una sesión grupal es la oportunidad de poder ver en el otro, ya sea porque está ocupando en el ejercicio un papel como colaborador —aunque en realidad todos los papeles tienen su sentido y cumplen su función al colocarnos en distintos roles o situaciones—, ya sea porque nuestro papel en el ejercicio sea el de meros observadores.

Formar parte de una sesión grupal como participante o como observador nos brinda una perspectiva nueva a nivel emocional. Unas veces nos identificamos con el papel que juega el otro y empatizamos o nos produce contrariedad. Nos hace sentir muchas veces sin que tengamos que sumergirnos en nuestra propia dificultad y nos hace sentir seguros, al tiempo que nos afloran sensaciones que siempre han de tener un espacio para poder abordarlas.

El papel tanto activo como «inactivo» —aunque esto siempre sea incorrecto, porque formamos siempre parte de ello— nunca deja indiferente y es habitual que, aunque nos hayamos querido mantener al margen de un ejercicio, de alguna manera siempre hemos formado parte de él y, con posterioridad, en las evaluaciones finales o en el *feedback* al terminar la sesión salga, o incluso más tarde, nos asalte un *flashback* que nos haga replantearnos lo vivido e ir acercándonos a nuestras dificultades.

Muchas veces las sesiones grupales como observadores nos hacen leernos a nosotros mismos y, al tomar distancia y verlo en el otro, tomar una perspectiva que nos ayude a resolver, modificar o simplemente sentir y vivir nuestras experiencias y recuerdos de otra manera más sana, más amplia y, sobre todo, más empática.

Tenemos que salir de lo puramente humano y atender a la vida. Hay un dicho popular que reza: «El que busca, encuentra», que es muy adecuado para muchas cosas, pero que, referido a este trabajo, contradice uno de sus principios: dejar que el proceso fluya, dejar que las cosas pasen, dejar que los caballos actúen e interactúen, dejarnos estar en un papel aparentemente «pasivo», que deja de serlo cuando interviene la observación participativa[26].

De lo que acontece en pista, nos hemos encontrado con cosas que en ningún caso están contrastadas, que simplemente las propone la observación:

Te encuentras con personas a las que cuando invitas a construir un metafórico camino en un espacio de más de cuarenta o sesenta metros, con cuerdas, plantean uno de apenas dos o tres metros. A la postre, se dan cuenta de que es imposible recorrerlo con un caballo. Esto me ha surgido con pacientes en los que he observado rasgos depresivos. Pero, cuidado, esto no quiere decir

---

[26] La «observación participativa» es una técnica de observación utilizada en las ciencias sociales, sobre todo en antropología, en la que el investigador comparte con los investigados su contexto, experiencia y vida cotidiana, para conocer directamente toda la información que poseen los sujetos de estudio sobre su propia realidad; o sea, pretender conocer la vida cotidiana de un grupo desde el interior del mismo.

que todo el que estructura un trayecto pequeño esté deprimido. En este tipo de cosas es en las que debemos indagar, recabar datos, documentarnos y escribir.

Hemos observado cómo en un grupo de nueve personas, a la hora de armar espacios vitales en la pista y tener a su disposición cualquiera de los elementos de trabajo, todos los varones (cuatro) han escogido palos.

Nos hemos encontrado también con una dimensión de lugares que representan los caballos, especialmente en algunas sesiones, y que no tienen tanto que ver con la interacción directa con el paciente, sino con su ubicación inconsciente, con sus temores y/o frustraciones no reales —creo que más de uno hablaría de traumas—.

3. Al trote

3.1. Las prácticas: locos por las actividades

Un día, conversando con mi mentora de PAE de modelo EAGALA, ella en México, yo en Madrid, discurríamos sobre la ansiedad que generaba entre los recién certificados la necesidad de tener multitud de actividades para desarrollar y, más en concreto, si existían actividades específicamente diseñadas para determinados trastornos, problemas u objetivos. Le estaba argumentando seriamente cuando al otro lado del teléfono escucho una gran carcajada: «Mira, me están preguntando si pudiera facilitar alguna actividad específica para un trastorno psicótico…».

Lo cierto es que me vi a mí misma, al poco de terminar mi formación, llena de ansiedad por encontrar las actividades adecuadas para la persona, los caballos, el proceso y los objetivos. Sentí un ladrillo caer sobre mi mesa y visualicé cómo lo destrozaba todo. Mi intención era charlar sobre cómo poder generar actividades en las que participen activamente los caballos, que sean adecuadas a la problemática de cada paciente, de cada grupo u objetivo a trabajar… ¡Y podría parecer que andábamos buscando una especie de catálogo!

Tal vez con atrevimiento, pero sugiero el peligro de generar y estructurar actividades con caballos en las que simplemente este sea un elemento más de trabajo y le demos pocas opciones para «hablar». Vuelvo a proponer un truco; en ocasiones, he visualizado una actividad que me ha parecido —sobre el papel y la idea— maravillosa, pero cuando me planteo si el caballo puede ser sustituido por un objeto o elemento, la descarto automáticamente.

Tengo estructuradas y planificadas unas[27] cincuenta actividades en un Excel que cada vez se vuelve más complejo. Las he clasificado (las columnas) en función de diferentes criterios: duración, nombre, objetivos, medios necesarios, planteamiento de la actividad, consigna, etc.

Por poner un ejemplo de la estructuración, el criterio «Tipo de actividad» lo he desglosado en tres:

«INDIVIDUALES/PAREJA», en las que participa un único individuo o una pareja y el número de caballos que consideremos necesario, generalmente de dos a tres.

«GRUPALES», en las que participa un grupo, es decir, que sin varias personas son imposibles de plantear y considero que el número apropiado de participantes en un grupo es de entre un mínimo de ocho y doce como máximo, dependiendo, claro, del tiempo.

Para los trabajos grupales de más de dieciocho o veinte personas recomendamos la intervención de, al menos, tres «facilitadores».

«MIXTAS»: aquellas actividades que, teniendo un protagonista —una sola persona—, son imposibles de realizar sin el apoyo y la colaboración de otros miembros del grupo.

---

[27] Digo «unas», porque casi todas tienen «versiones» que multiplican su número en función de la consigna, el tipo/perfil de grupo, los objetivos, la duración…

Tanto en las grupales como en las mixtas el tiempo vendrá condicionado en gran parte por el número de participantes, el número de caballos y el propio desarrollo.

Aporto este ejemplo, sin que quiera decir que a todo el mundo le persuada esta fórmula, y sólo por si puede ayudar un poco, una actividad que hemos llamado «Cuando no soy mi dueño».

Duración aproximada	15/20 minutos.
Nombre de la actividad	«Cuando no soy mi dueño».
Objetivos	Límites, estilo de vida, tiempo para uno mismo, sumisión, creatividad, aceptación de normas, resolución de conflictos, capacidad de adaptación…
Medios	3/4 caballos con ramal y cabezada, elementos de limpieza del caballo.
Planteamiento de la actividad	Todo el grupo, de uno en uno o de dos en dos —según el nº de integrantes— con un caballo del ramal, solicita a una persona que realice una tarea, todas diferentes, pero en el mismo momento. Cada uno de los caballos será algo de su vida que le «agobie» y que tiene que nombrar.
Consigna	Al protagonista de la actividad la única consigna que se le da es que cuando lo considere, avise —le facilitamos una bandera roja para que la levante— y se finaliza la actividad. El resto del grupo dividido, según el nº de caballos, tendrá que solicitar, todos a la vez, la tarea encomendada de forma continua e insistente. Posibles tareas: • Pasea a mi caballo por la pista. • Límpiale los cascos a mi caballo. • Cámbiame este caballo por ese otro. • Lleva a mi caballo a beber. • Ayúdame a cambiarle la cabezada a mi caballo.

Análisis	¿Qué ha pasado? ¿Cómo lo has gestionado, cómo te has sentido? ¿Cómo crees que se han sentido los demás participantes? ¿Qué papel han jugadolos caballos? ¿Has podido resolverlo, cómo? ¿Te ocurre en la vida real algo parecido?
Versiones	Puede haber un miembro del grupo sin caballo. Y puede realizarse un antes-después, tras el análisis.
Tipo de actividad	Mixta: individual con apoyo del grupo.

El hecho de poner nombre a las actividades, por ejemplo, es puramente operativo, ya que cuando trabajas en equipo para preparar una sesión se agiliza la tarea de identificar por su nombre las actividades de las que estás hablando y deja de ser necesario pararse a exponer los elementos necesarios, cómo va a ser el planteamiento o el reparto del grupo, y ayuda a visualizar la actividad.

Pero no es este trabajo lo importante. Simplemente me ayuda a buscar aplicando filtros según qué sea lo que tengo que programar y el grupo o individuos con los que vaya a trabajar. Cuando tengo programada y estructurada una sesión, siempre aparezco por El Paseo un poco antes para tomar el café de inicio, saco de la mochila mis papeles, entre ellos mi glamuroso Excel con la sistematización de las actividades, los tiempos, la desatinada idea del trabajo que vamos a desarrollar, y escucho a Silvia una frase que ya adoro: «¿Ya traes programado todo lo que no va a salir?» —la respuesta siempre son unas risas—. Y un sorbo de café antes del «sí».

Porque, en efecto, la realidad es que cuando se permite que el proceso surja y fluya, es mucho más que lo planificado, pero sobre todo es cierto, porque lo que jamás podremos planificar es el trabajo de los caballos.

En cualquier caso, y en última instancia, con la experiencia me inclino cada día más porque en este campo es efectivo el principio de parsimonia (la navaja de Ockham)[28]; en lo que se refiere a las actividades, cuanto más simples/menos complejas, más potentes y efectivas.

Aun así, mi Excel resulta imprescindible, aunque no sea más que para darme un pedazo de seguridad humana.

3.2. PAE, AAE y CAC: Psicocoaching Asistido con Equinos

Está en el candelero la palabra «desaprender»[29], y me da la sensación de que se dice con demasiado atrevimiento y temeridad.

Recuerdo cómo durante mi formación se manejaba el concepto con énfasis y profusión, y recuerdo que siempre que lo escuchaba, algo por dentro me rechinaba. ¿Qué tengo que desaprender, los años de carrera y los años de ejercicio profesional? Pues, la verdad, como que me resistía. Y me alegro de haberme resistido, porque ya he descubierto que se trata de «reaprender» —reinterpretar, reestructurar, reubicar—. Se trata de integrar lo nuevo en lo que ya poseemos, conocemos y manejamos, y cuando lo logramos aparece algo nuevo. Y esto es también una parte importante del proceso personal.

---

[28] En igualdad de condiciones, la explicación más sencilla suele ser la más probable.
[29] El Modelo EAGALA alude al concepto de «desentrenamiento», con el que tampoco estoy totalmente de acuerdo, pero que me parece más acertado.

A este respecto he cuestionado en multitud de ocasiones otro concepto, referido a los caballos, utilizado desde mi punto de vista inadecuadamente y en exceso: «desensibilización». Se debería, desde mi punto de vista, utilizar «habituación». Démosle un par de vueltas: no desensibilizo a un caballo a un paraguas, le habitúo a que es algo de lo que no tiene que huir.

Cuando las personas se enteran de lo que hago profesionalmente, percibo un elevado nivel de confusión:

«¿Que haces terapia a los caballos?». NO.

«¡Ahhh!, trabajas con niños discapacitados». NO.

«Pues a mí me da miedo montar». NO montamos a caballo.

«Entonces trabajas con gente que está muy grave psicológicamente». NO sólo.

Hasta que surge la pregunta certera: «¿Qué haces con los caballos?».

¿Alguien sería capaz de afirmar que la monta o la equitación no son terapéuticas? Yo no, como tampoco soy capaz de afirmar que salir al campo no lo sea. Los beneficios han sido comprobados a partir de unos resultados experienciales y verídicos —lo que más arriba llamábamos evidencia desde la experiencia. Decía nuestro profesor de «Manejo del caballo» en la certificación de *coaching*: «Yo soy un escéptico, pero cuando ves lo que sucede en la pista, no hay otra que creérselo»—.

Mientras andamos dando palos de ciego inmersos en el afán de estructurar, separar y definir los ámbitos de actuación de cada una de las especialidades a las que nos referimos, disponemos de información para empezar a desarrollar las características de cada una de ellas, aun a sabiendas del riesgo que ello supone —que sean tomadas como verdades absolutas y no como indicadores—.

En la siguiente tabla se muestran algunas de las características que diferencian el AAE y la PAE[30].

Aprendizaje Asistido con Equinos	Psicoterapia Asistida con Equinos
Participante/clientes.	Paciente.
Papel de coach, facilitador, consultor.	Papel de terapeuta.
Requiere de la capacidad para reconocer el nivel de dirección requerido para cubrir la «agenda».	No requiere de una agenda establecida.

Aprendizaje Asistido con Equinos	Psicoterapia Asistida con Equinos
Se mantiene la sencillez y lo práctico.	Se pretende profundizar.
Se encuadran objetivos generales y de cada actividad.	No hay «encuadres» hacia objetivos específicos además del terapéutico.
Se compara y cuestiona el logro de los objetivos con el encuadre inicial.	Cuestiona y procesa lo hecho.
Busca deliberadamente que el cliente encuentre sus propias soluciones.	Confía en que el cliente encontrará las soluciones a lo largo del proceso.
Se tiene preestablecidos los puntos específicos a tratar durante la sesión.	Trabajas con lo que la persona trae en ese momento a la sesión.
Participación interactiva (de 2 vías) evidenciando herramientas específicas para cumplir el objetivo de la sesión.	Está a la expectativa de las herramientas que la persona ve y necesita en ese momento.
Acelera el proceso de aprendizaje para lograr objetivos preestablecidos.	Respeta los tiempos requeridos por el paciente.

---

[30] Fuente: Blog de Ana Irene Ricalde: https://anairenericalde.wordpress.com

Se requiere de un levantamiento específico de objetivos.	Muchas veces no hay un motivo de consulta específico.
Oportunidad de autocorrección, corrección y retroalimentación en el momento dirigida por el facilitador.	Oportunidad de autocorrección cuando llega el momento en que el paciente lo asimila.
Se facilita el uso de herramientas descubiertas con el fin de ser experimentadas en el momento.	Tiende a profundizar aunque las herramientas no se pongan en práctica en ese momento o esa sesión.
Busca lograr 2 o 3 objetivos específicos por sesión.	Objetivos a largo plazo.
Es un proceso más rápido y más dirigido.	Es un proceso más lento y no directivo.
Hay un balance en sugerir y compartir puntos de vista o *expertise* del consultor.	Se cuestiona al paciente la mayor parte del tiempo.
Tienes tiempo muy limitado.	Es un proceso de semanas o meses.

A este esquema yo le añadiría la posibilidad de realizar un «antes/después», es decir, un volver a realizar la actividad de que se trate, en la misma sesión o en una posterior, procedimiento que enmarco en el Aprendizaje Asistido con Equinos —que no en los procesos de psicoterapia—. He descubierto que es muy eficaz, operativo y poderoso. Volver a realizar una actividad, después de haberla analizado y procesado, integra de forma más eficaz el aprendizaje y mejora la posibilidad de generalizarlo y extrapolarlo: se vivencia un proceso diferente, aunque sea la misma actividad, se desarrolla desde un lugar diferente.

En una jornada que realizamos en Sevilla, con un equipo amigo de equinoterapia, una de las psicólogas se prestó a trabajar cómo abordar el tema de poner límites y le propuse realizar una actividad a la que andaba dando vueltas desde hacía un tiempo, pero que era la primera vez que llevaba a la pista y así se lo hice saber. Hasta casi me asusto yo. El efecto fue brutal: paró la actividad y se echó a llorar amargamente, bloqueada, rondando la desesperación. Procesamos lo que había pasado y realizamos nuevamente la actividad, planteándola exactamente igual, pero el resultado fue completamente distinto. Me atrevería a decir que inverso.

El punto de inflexión que nos ayuda a ser conscientes de lo que hacemos son los objetivos planteados para la intervención y de los que se derivan diferentes modos de hacer. Aunque ya anticipamos que la puesta en escena es muy semejante —por no decir igual— en los diferentes tipos de IAC «pie a tierra».

Todos venimos de una formación previa, sea la que sea. He conocido personas que vienen del mundo del derecho, la comunicación, el espectáculo, la empresa… Algo les llama. En general, les gusta el mundo del caballo y su deseo es ayudar a las personas, y en esta práctica profesional encuentran el ámbito que aúna ambas cosas. Lo esencial es reconocer y ser conscientes de qué es lo que nos mueve a acercarnos a este tipo de intervenciones, y cómo incide nuestro referente —uno de los elementos de nuestra mochila—.

Tengo siempre muy en cuenta eso que llamamos «deformación profesional», con independencia de los rasgos de personalidad, los antecedentes históricos, familiares y culturales. Todo esto es el referente del que partimos y que hemos de conocer adecuadamente. Por eso, siempre hemos de ser conscientes de la necesidad de tenerlo en cuenta en nuestro propio proceso de desarrollo personal.

Hemos podido evidenciar cómo en algunas sesiones hay personas que no son conscientes de sus hábitos, en gran parte mediatizados por su especialidad profesional. No se trata de señalar a las personas por su actividad profesional. Simplemente se trata de tenerlo en cuenta como una variable que pueda estar influenciando, afectando a la conducta y actitudes fuera del ámbito laboral.

Hemos oído en muchas ocasiones aquello de: «Es que los [escoge la profesión más tópica para ti] son una raza aparte».Y no aludimos a nada que no sea un conjunto de rasgos de actuación y pensamiento comunes referidos a un oficio o profesión. No en vano, también proyectamos lo que somos y cómo somos a la hora de escoger una profesión. La última vez que lo escuché fue en relación a los herradores, pero también referido a los informáticos, a los trabajadores sociales, a los médicos, por no hablar de los psicólogos… En resumen, todos somos una raza aparte.

Como modelo de Psicoterapia Asistida con Equinos (PAE), EAGALA es un tipo de terapia emergente extremadamente eficaz y probada que se está consolidando rápidamente a nivel internacional, dada su efectividad y resultados a relativamente corto plazo en comparación con el trabajo que se desarrolla en la consulta tradicional.

La PAE se puede aplicar a trastornos psíquicos de muy diversa índole (trastornos del estado de ánimo, fobias, dependencias, duelos, trastornos de ansiedad, trastornos de la personalidad, etc.). Podría calificarse como un tipo de lo que hace ya mucho se denominó como «terapia breve», es decir, el proceso requiere menos tiempo en obtener resultados enfocados al cambio, porque las dinámicas o actividades con los caballos permiten con extrema efectividad crear metáforas de situaciones reales, que permiten al paciente reinterpretar el momento actual y encontrar soluciones *in situ* aplicables a cualquier momento o situación de su vida y, sobre todo, extrapolarlas. Se crea el reto orientado al cambio, pero dentro de un marco de referencia y actuación seguro.

Las actividades con los caballos convierten esta terapia en una manera distinta y dinámica de abordar las diferentes problemáticas, dejando siempre espacio para que sea el propio paciente quien encuentre sus respuestas. En este sentido, el modelo de PAE de EAGALA nos garantiza resultados. Es un trabajo conjunto entre un psicólogo, un especialista equino y los caballos, en el que se trabaja con fines terapéuticos.

Para el *Coaching* Asistido con Caballos (CAC) hemos elegido, de las que hemos consultado, la definición que aporta Marta Rey Cervós en su *e-book Coaching asistido con caballos*.

El CAC es una técnica de *coaching* avanzada que posibilita al cliente tomar consciencia mucho más rápido de su situación y de sus bloqueos y, en consecuencia, agiliza el proceso de cambio.

Esta aceleración se debe sin duda a la intervención del caballo. El *feedback* que este da al cliente es inmediato, limpio y 100 % honesto. El cliente no puede engañarse, pues el caballo le expone sus límites, falsas creencias, bloqueos y miedos con claridad.

Con este sistema, el caballo es quien ayuda al cliente a cruzar de su situación actual a la situación deseada, y el *coach*, a través de los gestos y movimientos del equino, podrá realizar las preguntas oportunas para que el *coachee* —cliente de *coaching*— pueda reflexionar y descubrir que toda la «basura mental» que lleva acumulada es desechable y que, con una planificación adecuada, conseguirá aquello que se proponga.

El CAC podría ser adecuado en la intervención de los siguientes casos:

- Procesos de consecución de objetivos vitales o no.
- Toma de consciencia desde el aquí y ahora como punto de partida.
- Resolución de conflictos personales y/o grupales.
- Diseño de estrategias de acción.
- Enseñanza de valores y educación emocional.
- Adquisición de compromisos personales de cara a los logros deseados.
- Resolución de bloqueos afectivos y dudas paralizantes.

Es una técnica útil, eficaz y potente para trabajar el logro de objetivos muy concretos en los diferentes ámbitos de mejora de las personas a nivel individual, social o grupal (empresas, colectivos, organizaciones e instituciones, familia, grupos de referencia, etc.).

Podemos nombrar algunos de sus efectos beneficiosos —al menos sobre el papel, porque mi opinión es que depende de la persona—:

- Motiva la toma de consciencia.
- Incentiva el aprendizaje de valores (tolerancia, respeto, escucha, etc.).
- Mejora la capacidad de comunicación verbal y no verbal.
- Facilita la toma de decisiones.
- Mejora las relaciones sociales e interpersonales.

- Incrementa la autoestima.
- Identifica los puntos fuertes de una persona desde la toma de consciencia.

Por otra parte, la intervención con PAE, a modo de ejemplo, está indicada en los siguientes casos, pero como en el caso anterior, también depende de la persona:

- Crecimiento y desarrollo personal, fomento del autoconocimiento, la autoestima y mejora de la comunicación.
- Problemas de comportamiento o relación social/interpersonal.
- Trastornos por déficit de atención.
- Ansiedad y depresión.
- Trastornos emocionales (dependencias).
- Procesos de pérdida o separación (duelos).
- Trastornos por consumo de sustancias.

El objetivo de este tipo de tratamientos no es otro que la normalización e integración de la persona con trastornos psicológicos, desde su realidad, capacidades y expectativas, en el contexto de las demandas sociales.

Pronto nace la idea del *psicocoaching*. Me preguntaba una compañera *coach*, no puedo negar que con cierto grado de incredulidad, «pero ¿eso se puede?». Le respondí: «¿Por qué no?». Si aplico la metodología del *coaching* en un proceso psicoterapéutico, ¿cómo podríamos llamarlo?

Desde la experiencia diría que se trata de facilitar espacios de expresión y ubicación, ofrecer lugares en los que puedan surgir metáforas y asociaciones sobre las que reflexionar para que se puedan generalizar y extrapolar desde la vivencia a la vida cotidiana.

Hemos tenido experiencias de intervenciones integrando la metodología del *coaching* en procesos psicoterapéuticos —la metodología del *coaching* aplicada a los objetivos propios de la psicoterapia— en las que hemos podido corroborar la efectividad de la integración de los caballos en el equipo.

Con frecuencia he escuchado a personas que solicitan psicoterapia individual que afirman querer probarlo (PAE). Son personas que se acercan al modelo desde otros tratamientos —psicoterapias— de corte tradicional. Podría traducir la demanda, que expresan como «probar», en una frase que me espetó una paciente nada más entrar a la consulta, casi sin sentarse: «Mira, llevo dos años en tratamiento y hace un par de meses que lo que dejado». «¿Lo has dejado?» —desde mi punto de vista es muy importante no interferir en otras intervenciones, no sustituirlas/duplicarlas, que el paciente no pierda al profesional de referencia ni el proceso en el que pueda estar inmerso—. «Sí, lo he dejado, porque ya no me aporta nada. Lo único que hacía los últimos meses era despotricar cada vez que tenía que ir y pensar… ¿Y hoy qué le cuento?».

Este tipo de comentarios me han hecho pensar en un nuevo espacio de aplicación, como una metodología que facilita el desbloqueo de procesos psicoterapéuticos tradicionales que se enquistan, que se empobrecen y se enrarecen, en los que la persona ya no crece.

3.3. El equipo

En cualquiera de las metodologías/modelos de trabajo que comentamos, que implican el trabajo pie a tierra con el caballo, el equipo está compuesto por humanos y caballos. ¿Perogrullo? No, obviedad.

La composición del equipo humano en las formaciones actualmente vigentes de CAC y PAE es la de un profesional de la salud mental o *coach* —o ambos—, y un técnico equino. Queremos reiterar la necesidad de que el miembro del equipo equino ha de saber tanto de humanos como el especialista en salud debe saber de caballos. Eso no implica saber todo, significa saber moverse entre las especies, conocer la etología y la comunicación de ambas; los dos deben tener un conocimiento y manejo mínimo del área especializada del otro. El técnico equino debe conocer y estar acostumbrado a trabajar con personas/grupos y el psicólogo-*coach* debe saber moverse y manejar caballos.

No haremos un buen trabajo si no nos sentimos mínimamente seguros y cómodos en el entorno en el que trabajamos —ubicarnos físicamente en el espacio, sus dimensiones, saber manejar los materiales con confianza, los elementos que puedan estar fuera de lugar, las condiciones básicas…— y confiamos en nuestra capacidad de comunicación y resolución frente a lo que pueda acontecer. Asimismo, debemos conceder un tiempo para conocer y presentarnos a los caballos, si no es nuestro equipo habitual. Si no tenemos un mínimo de familiaridad y conocimiento de los elementos que vamos a utilizar —dónde colocaremos los elementos de trabajo, si van a estar accesibles, acomodarnos en el espacio— y las zonas de trabajo, su delimitación y ubicación unas respecto de las otras, nos arriesgamos a despedirnos de poder hacer algo útil por muy buena que sea la idea a poner en marcha.

Es imprescindible que ambos conozcan en profundidad el lenguaje del caballo. No en vano, una de las cosas fundamentales que hacemos en este trabajo es la «lectura» del caballo, de su sistema de comunicación, de su forma de vincular e interactuar entre ellos y con las personas. Recordemos que al caballo no le pedimos ninguna otra cosa que no sea que sepa y pueda ser caballo.

Es nuestra opinión que la flexibilidad, ese trabajar fuera de la zona de confort/seguridad, se debe poder aplicar siempre que se den los criterios básicos que garanticen la calidad y el buen desarrollo de la intervención.

Escuché a una gran *horsemanship* un concepto que me llegó muy dentro: «Nos jactamos de que nuestros caballos están en libertad y lo único es que están "sueltos", que, desde luego, es mejor que estar en *box*, pero de ahí a la "libertad"...».

El equipo equino debe cumplir algunos requisitos, no sirve cualquier caballo. No sé si vuelve a ser un atrevimiento esta afirmación. El caballo que participe como facilitador en las IAC debe ser un caballo que sepa y pueda ser caballo: que tenga cubiertas sus necesidades básicas como caballo, viviendo en semilibertad y en grupo, pudiendo tener acceso a demanda de comida y agua.

Deben saber convivir juntos, entendiendo por convivencia el hecho de que estén habituados a vivir en manada (grupo) y compartir espacio y alimento. Deberán ser estables y habituados al contacto con personas, ya que se trabaja con personas que, en la mayoría de los casos, no tienen experiencia ni conocimiento de caballos.

No deben tener «dificultades» de conducta, tendencia a morder o cocear, caballos invasivos o «difíciles» para las personas.

Resumiendo, debe saber y poder «ser caballo» si queremos que no tenga puesta su atención en cubrir sus necesidades básicas en lugar de en los humanos.

Me consultaba una compañera, psicóloga y que como yo no es propietaria de hípica, cómo abordar que el dueño de la hípica le proponía para el trabajo pie a tierra caballos que no estaban en las mejores condiciones: enfermos, con heridas o cojos, de tal modo que no podían realizar sus funciones habituales en equitación o equinoterapia, pero sí podían realizar trabajo pie a tierra. Al fin y al cabo, en las IAC «pie a tierra» no sometemos al caballo a ningún tipo de esfuerzo físico. Yo creo que a los caballos les gusta trabajar con los humanos, suponemos para ellos una «novedad» que les permite desarrollar su curiosidad. Pero tenemos que tener en cuenta el factor de cómo puede aparecer en la sesión y qué puede suponer para la persona o personas con las que vamos a trabajar la «lesión» que presente el caballo, especialmente si son visibles (heridas, cojeras importantes, lesiones en la piel…) para poder integrarlo en el proceso.

Y aquí aparece un nuevo asunto que se plantea en ocasiones en algunos contextos y que es también un nuevo «caballo de batalla» discursivo: ¿cómo se libera el caballo de las malas energías que les aportamos en ocasiones los humanos? Desde mi humildísimo punto de vista, esa pregunta surge una vez más de extrapolar/proyectar nuestras necesidades y sensaciones, como si el caballo necesitara lo mismo que el humano para sentirse o estar mejor. Yo creo en las capacidades del caballo hasta el punto del convencimiento de que sabe perfectamente y tiene las estrategias necesarias para saber sobrellevar o desprenderse de las energías que se han movido en una sesión, a saber, tumbadas generalizadas, galopadas, alejamientos, relajación hasta el sueño, defecación y micción, hermanamientos… Estrategias de caballos.

El caballo que cumple los requisitos para el ejercicio de las IAC «pie a tierra» no necesita al humano para nada.

En nuestra manada tenemos una compañera, Natu, que ha experimentado el gozo de entrar y salir de la zona de trabajo por debajo de las cuerdas que la delimitan. Me comentaba el *boss,* Ernesto, que si esto interfería[31] en el desarrollo de las sesiones, tendríamos que cambiarla de prado y de manada. Sin pensarlo, le dije que no. «Deja que ella haga su trabajo».

Me sonreí tratando de explicarle el juego que daba semejante conducta. No lo hace siempre, tampoco con todos los pacientes o grupos, tampoco en todas las sesiones… Estoy convencida de que cuando lo hace, está trabajando en función de lo que acontece con la persona y, desde luego, no pasa desapercibida: se integran sus actos y conducta en el proceso y siempre con gran potencia y tino.

En una sesión en la que una paciente la identificó como la pareja de su madre, no se movió del comedero durante un par de horas, excepto en un momento en el que entró y salió de la zona de trabajo. En el momento justo, el adecuado, la paciente refirió: «Joder, ahí está "este hombre" —la pareja de su madre—, apareciendo cuando no debe». La yegua se volvió a ir y siguió pastando con confianza y tranquilidad en el comedero.

---

[31] Yo entiendo por «interferencia» aquello que rompe la fluidez, no aquello que simplemente pasa y se puede integrar en lo que está aconteciendo, el proceso.

3.4. Los materiales

Para la puesta en escena son necesarios una serie de materiales: cabezadas de cuadra y ramales —para cada uno de los caballos que participen—; ramales largos, cepillos y utensilios para la limpieza de los caballos, forraje y pienso —en alguna actividad se requiere un poco de pienso como elemento de trabajo; no es para alimentar a los caballos que deben tener el alimento a su disposición siempre— y sillas fáciles de introducir en pista.

Sería ideal que todos utilizásemos el mismo material homologado para poder comparar —a semejanza de la caja de juego en psicoanálisis o los propios test—.

Los materiales necesarios y específicos para la realización de las distintas actividades que se planteen/faciliten: «el kit» de *psicocoaching,* como lo llamamos, nombre que surgió de una broma, pero que da mucho de sí si lo comparamos con una técnica diagnóstica: la caja de juegos. Si pudiéramos ponernos de acuerdo en el material a utilizar y si pudiéramos homologarlo, tendríamos más opciones de comparar datos en función del contexto de su utilización. Aquí tendríamos un campo importante y necesario para la investigación.

Pero básicamente han de ser materiales que no sean dañinos, que no puedan ser un peligro al romperse o ser manipulados, al ser pisados o mordidos por un caballo. Así, por ejemplo, y especialmente en las sesiones grupales con menores, yo no utilizo los palos —que suelen terminar jugando a pelearse—. Sí utilizaba los «churros» de piscina. Ahora, por experiencia, empiezo a descartarlos, ya que también acaban jugando a las peleas de espadas con ellos.

Otros materiales que utilizamos y que suponen una parte indisoluble del «kit» son:

- Etiquetas adhesivas y rotuladores.
- Recipientes de comida para los caballos (5).
- Pinturas de dedos.
- Tubos de piscina o palos de madera lo suficientemente livianos para poder montar y desmontar circuitos rápidamente o señalizar espacios.
- Conos y obstáculos.
- Aros del estilo de los *hula hoops* (4).
- Cuerdas de varios tamaños (al menos 3 de 16 metros cada una).
- Pañuelos para tapar los ojos.
- Pelota grande de juego de caballos.
- Peluches (4/5).
- Un cuadrado de plástico o tela (6/8 m^2).
- Cucharas y pelotas de *ping-pong*.

En cualquier caso, quiero hacer constar que cada vez, sin que pueda realmente explicitar la razón, utilizo menos material. El material está siempre a disposición, y me doy cuenta, con la experiencia, de que las actividades más potentes son aquellas en las que menos material se manipula.

3.5. El entorno y la zona de trabajo

Un requisito fundamental es que para la realización de las IAC «pie a tierra», en las que se trabajan con los estados de ánimo de las personas, sentimientos, afectos, emociones, así como para cualquier otro proceso de aprendizaje experiencial, es deseable un mínimo de intimidad y serenidad en el ambiente que favorezcan un clima en el que la persona pueda concentrarse para facilitar el proceso.

Es por esta razón por la que se consideran indispensables algunos requisitos del centro, la zona de trabajo y el entorno:

1. La limpieza e higiene de las instalaciones y espacios de trabajo, así como un ambiente y entorno propicio para las actividades.

2. La ausencia de personas observando que no se integran en el grupo de actividad, salvo las relativas al mantenimiento que se consideren necesarias.

3. La eliminación de aquellos elementos que favorezcan la distracción o interrupciones —movimiento general, de vehículos, actividades ruidosas, público…—.

4. La no presencia de menores o animales que puedan ocasionar distracciones o situaciones de riesgo.

5. Sería deseable la ausencia de interrupciones, sean del tipo que sean, salvo las imprescindibles.

En relación a la pista —que ahora llamo zona de trabajo—, no consiste en otra cosa que en una delimitación del espacio, y me apetece contar mi historia con ella. Hubo un tiempo en el que estuve ofuscada, hasta el punto que hice trabajar a un buen amigo ingeniero para su diseño, Eduardo, al que se lo agradezco de corazón. Me había empeñado en construir, no un redonda, que mira que es fácil, sino una zona ovalada.

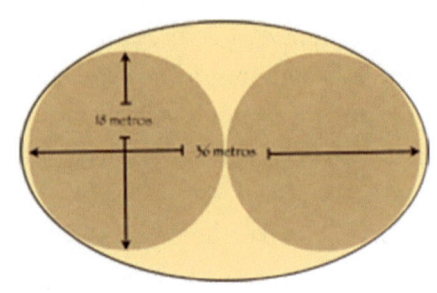

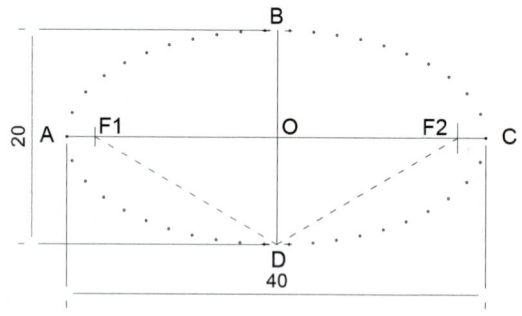

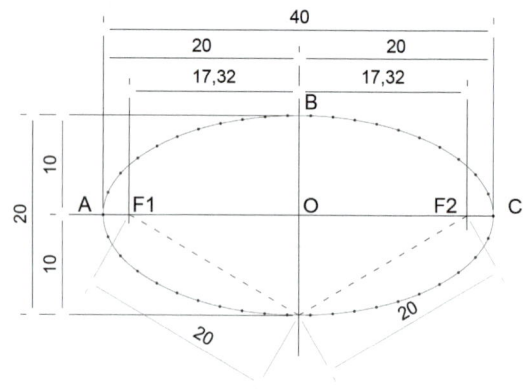

Calculamos dimensiones, número de palos necesarios, metros de hilo de pastor, y tan contenta y confiada llegué a adquirir todo el material. Esa pista ha viajado con Silver y conmigo de aquí para allá, sin que acabase de ser montada. Yo soy así, cabezota y experiencial. Se ha montado en Navalengua y han sido suficientes unos cuantos palos, hembrillas, setenta y cinco metros de cuerdas y maña, pero, además, es redonda. Hoy es nuestro espacio de trabajo, que vamos mejorando con inventos que nos facilitan la tarea a la hora de montarla y desmontarla: tiene dieciocho metros de diámetro.

Hoy, desde la experiencia, tengo claro que lo importante es delimitar espacios, sin importar su forma. No hacemos doma ni trabajamos el caballo, no damos cuerda… Desde mi punto de vista, lo importante es delimitar espacios solamente. Por eso, me gusta hablar del «espacio de trabajo», que desde luego puede traducirse en una pista —redonda, cuadrada, más grande o más pequeña—, y no necesariamente ha de cumplir requisitos de «forma», aunque sí de dimensiones para facilitar el desarrollo de las actividades.

Y ese concepto, el de espacio, sigue creciendo y desarrollándose, y cuanto más lo integro, más aparece en las sesiones, más significado tiene e, intuyo, más lo utilizan los caballos.

En definitiva, la zona de trabajo tiene que ser diáfana —sin elementos fijos en su interior—, de aproximadamente entre 18x20 (mínimo) hasta 40x60 (máximo) metros. Sobra decir que el mínimo es para que personas y caballos puedan moverse con fluidez, comodidad y seguridad, y el máximo para no pasarse la sesión yendo a por caballos.

Sería magnífica la posibilidad de disponer de una zona al margen de la zona de trabajo que facilite la visión de los asistentes que no participen activamente y en la que puedan sentarse.

Si no se dispone de una zona cubierta/protegida (interior o exterior) en la que poder resguardarse en caso de sol extremo o lluvia o nieve en la pista o en torno a ella —el desarrollo de las sesiones queda condicionado a la climatología—, sería deseable disponer de un lugar adecuado para mantener una entrevista o impartir algo de teoría que puede realizarse también al aire libre, pero estamos como en el punto anterior.

Es maravilloso trabajar al aire libre. Se despierta toda la sensibilidad, la comunión con el entorno, la reconexión, pero tiene la evidente limitación de la climatología y, por experiencia, sé que hay personas que han «sufrido» y no desean volver a repetir. Por tanto, hay que tener cuidado. A mi modo de ver es preferible posponer/anular una sesión o jornada a arriesgarse a que la gente lo pase mal.

En el Albayá, en Tatanca —en la maravillosa casa de Nuria Sala y su manada—, hay un inmenso espacio en pleno bosque, un paraje espectacular, cargado de belleza y energía. Habíamos planificado realizar el taller «Desmontando caballistas», y estaba recién construida una preciosa pista redonda. El taller era de un día completo y, al acabar, nos dimos cuenta de que la redonda sólo la habían usado los caballos para descansar de nosotros.

Así son ellos, y así nosotros.

3.6. El estilo profesional

Recuerdo como a lo largo de la certificación de *Coaching* Asistido con Caballos era, con cierta frecuencia, reprendida por el uso y manejo de mis manos. La propuesta era meter el dedo gordo en el bolsillo del pantalón para dificultar su movimiento y de algún modo controlarlo. Pero en aquella —para mí inquietante— postura yo no me sentía cómoda, no me sentía yo. Así que —y no sé si decir que opté u optaron por ello— las integré como parte de mi estilo personal. Bromeando, las hemos llamado «las manos voladoras», de las que hay documentación gráfica a espuertas.

También soy consciente de que hablo mucho —sin darme cuenta me enredo en el discurso humano-humano, que creo que viene de mi deformación profesional; aún está inconcluso el proceso de reaprendizaje (esta es otra patata)— y es curioso que cuando me excedo, generalmente una de nuestras yeguas se me pone delante, entre la persona o grupo y yo, y ya sé qué significa: «Lula, ya has hablado suficiente». La primera vez fue sobre la marcha, sin pensarlo. Andaba preguntando algo al respecto de una conducta que habían tenido los caballos en una actividad y se puso con descaro la voluminosa Zara, «interrumpiendo» claramente mi discurso. Instantáneamente pensé: «¿Qué está diciendo esta yegua? ¿Qué provoca que se ponga aquí delante? ¿Para qué?». Y la respuesta salió automática: «Que te calles ya».

En aquel momento pensé: «Cómo te pasas, Baena», pero poco a poco he ido comprobando que esa conducta se repite y, siendo cierto que no siempre, con frecuencia corresponde a mis momentos de «enrollarme». Voy percibiendo una aparente pauta.

El «estilo» profesional de cada uno no deja de ser el estilo personal en el ejercicio de una profesión y, por qué no, también hay que integrarlo.

Trabajar casi siempre con la misma manada facilita un tema que me fascina y que surge de la pura observación: los caballos también tienen su estilo profesional, los roles, papeles o significantes que se les dan a los caballos. Trabajar con los mismos caballos, la misma manada y con multitud de personas diferentes en talleres, *clinics* o jornadas que abordan temas diferentes me ha permitido apreciar que aparecen roles, sean como sean las personas, que se adjudican a los caballos con —yo diría— excesiva frecuencia, lo que me lleva a pensar que no es casual, sino que algo tienen los animales que las personas perciben.

Por ejemplo, Silver, el de colorines, en la mayoría de las ocasiones es elegido como el caballo que representa a los amigos, a los colegas, al grupo de iguales, a las situaciones de disfrute y diversión. Zara suele ser la figura materna, la señora, la protectora y cuidadora. Zeus suele ser identificado con «alguien vulnerable, que necesita cuidados».

4. Al galope

Al finalizar una sesión, al menos en mi caso, tengo la sensación de estar moviéndome en una nube durante al menos veinticuatro horas. Si es un taller con un grupo, ya cuento con que al día siguiente no voy a dar pie con bola, y procuro dedicarlo a cosas, temas o asuntos más o menos mecánicos o rutinarios: limpiar, cocinar, pasear o simplemente hacer nada. El día siguiente es el día de la digestión, el día de no pensar, de disfrutar de las sensaciones, de las imágenes y dejar que se asienten. En un *clinic* al que asistí como alumna con Kathy Pike surgió el tema de «dejar que se expandan las sensaciones». Es posible que no acabase de entender del todo lo que quería decir en aquel momento hasta que no lo hube experimentado y vivenciado.

Los caballos… Yo creo en ellos, en su inteligencia natural, tienen mecanismos mucho más eficaces que los nuestros. Un caballo acaba la sesión —ya lo hemos comentado— y mea, caga, se pega una galopada, se revuelca o se queda, cual estatua de sal, relamiéndose con los ojos cerrados. Nosotros más bien no, tendemos siempre a pensar, a buscar explicaciones, a entender e hilar lo que hemos vivido, mostramos una impresionante tendencia a la acción que en la mayoría de los casos nos bloquea o entorpece la «vivencia».

4.1. Periodicidad/temporalización de las sesiones

Salvo que sean jornadas o talleres específicos, puntuales en el tiempo y de mayor o menor duración, las actividades con caballos suelen/deben tener una continuidad temporal.

En este sentido, me he planteado la viabilidad y adecuación de la técnica a la realidad, al contexto y momento actual y a las posibilidades (personales y económicas) de las personas.

Ni que decir tiene que una sesión individual, en un centro, con los caballos y dos profesionales para su desarrollo, de más o menos dos horas de duración, supone un coste real que dificultaría el acceso de muchas personas a este tipo de intervenciones, y mucho más con la que está cayendo. Y si hablamos de una secuencia de una vez a la semana, que tal vez sería lo ideal, técnicamente hablando, menos.

Sin saber si se trata o no de lo correcto, pero ahora sabiendo que funciona, yo planteo una sesión al mes con caballos alternando con una sesión al mes en despacho, acordándolo siempre con la persona —estoy hablando de *psico-coaching*—.

Existe una tendencia a preferir como clientes a empresas y grupos porque son más rentables y reconozco que es apasionante el mundo de las dinámicas grupales, pero, al menos a mí no me entra en la mollera, que se pueda trabajar lo grupal obviando lo individual; van de la mano y tenemos que ser capaces de plantearlo y abordarlo, especialmente en las empresas. Pertenecer, formar parte de un grupo de trabajo, por desgracia, no en todos los casos es una elección.

4.2. La ética, la buena praxis

Cuando inicié la andadura de ser emprendedora, hice un curso específico para formarme en el que abordamos todos los temas relacionados con el objeto de nuestro emprendimiento.

Allí se empeñaban en llamar a mi actividad «tu producto» y yo me empeñaba en tratar de convencerles de que no era un producto, sino un servicio.

¿Por qué saco este punto a colación? Porque me parece que tiene mucho que ver con el tema de los valores que sustentan nuestro ejercicio profesional. Se puede vender cualquier producto que la gente compre, pero prestar un servicio requiere, entre otras muchas cosas, el convencimiento de que trabajamos para aportar un beneficio a la comunidad y a los individuos.

Quisiera dedicar unas cuantas líneas a un tema que me parece esencial y que en ocasiones parece propio sólo de algunos ámbitos de actuación profesional, pero que desde mi punto de vista concierne a todos —recordemos lo ya dicho en relación a que estamos creando una profesión y que aún está a falta de su pleno reconocimiento social, cultural, académico y científico—. Voy a tratar de compartir cómo lo percibo yo de forma sencilla y breve. Empezaremos al revés de lo esperado.

Por mala praxis, en contraposición a la buena, podemos entender aquel acto ilícito e inapropiado en el ejercicio de una profesión; se podría decir que se trata de algún tipo de error con unas determinadas consecuencias.

Normalmente la mala praxis es involuntaria y sin ningún tipo de intención, por lo que se consideraría un delito culposo. Pero se puede dar el caso de que fuera intencionada, lo que constituiría un delito doloso. Sea como fuere, los profesionales son responsables de sus actos, por lo que es posible que tengan que asumir alguna responsabilidad legal de carácter civil o penal si se produce una mala praxis.

Pero el concepto de mala praxis se deriva del marco de referencia en el que se establecen las actuaciones correctas y las que no lo son. Hablamos de los códigos de ética y/o los códigos deontológicos.

El código ético es más genérico y universal, referido a la moral. Es el que fija los principios tendentes a regular el comportamiento de las personas dentro de un determinado contexto, como puede ser el de una profesión, una empresa u organización. Lo que buscará un código ético es que, cualquiera que sea su contexto, se mantenga una línea de comportamiento uniforme entre los interesados.

El código deontológico es el documento que recoge el conjunto de criterios en función de normas y valores que se ocupan de los aspectos éticos del ejercicio de la profesión, que regulan y asumen quiénes llevan a cabo una actividad profesional. Es un mecanismo de autorregulación asociado generalmente a un ámbito profesional concreto.

En los últimos años se han implantado códigos éticos en diversas y variopintas actividades, nombrándolos como códigos deontológicos, pero no lo confundamos. Siendo adecuado establecer principios de actuación en las distintas actividades, el código deontológico es propio de actividades profesionales reconocidas concretas.

En general, se puede decir que la ética no es coactiva, es decir, no impone castigos normativos. Sin embargo, la ética profesional sí puede hacerlo en caso de que exista un código deontológico que regule la actividad profesional.

Os pongo un ejemplo del código deontológico del psicólogo, que me lleva a la enseñanza de que su lectura y actualización cada cierto tiempo es necesaria.

En su artículo 60, dice: «El/la psicólogo/a, en ningún caso, percibirá remuneración alguna relacionada con la derivación de clientes a otros profesionales». Lo había leído, jamás lo he contravenido, pero no lo tenía registrado a nivel consciente.

Siempre están basados en escalas de valores sociales, morales y culturales con los que, en teoría, nos identificamos como profesionales, sin obviar la función que tienen de defensa y obligación.

En todo proceso de IAC, no sólo pie a tierra, hay que tener siempre asumido/integrado un código ético o código deontológico que nos permita tener presentes nuestros deberes y obligaciones, tanto a trabajadores/profesionales como a clientes/usuarios/pacientes. Y en este proceso de creación de una profesión tal vez nos debamos en principio a varios códigos, lo cual complica el asunto hasta que tengamos uno propio y tal vez exclusivo.

Pero con ellos, sin ellos o a pesar de ellos, mi forma de encajar este tema es que la buena o mala praxis está en la interiorización a nivel personal que hagamos de la ética profesional y sus valores. Es algo que tiene mucho que ver con los valores individuales y con el grado de congruencia.

Y yendo un poco más allá, concibo que en el código de ética/deontológico de las IAC —y las que puedan tener que ver con todos los que denominados «animales», olvidando que nosotros también lo somos— de ninguna manera podríamos olvidarnos de todos aquellos aspectos que tienen que ver con nuestros compañeros facilitadores, los caballos —o cualquier otro animal—, intrínsecamente ligados, desde mi honesto punto de vista, al buen trato, el desaprender —en este caso, sí—, la cosificación y el antropocentrismo.

Es decir, en nuestro futuro código deontológico, además de la buena/mala praxis relacionada con las actuaciones humanas, deberemos introducir todo lo relacionado con el derecho animal y ambiental. Pero me temo que este tema daría de sí como para ser objeto de otro libro.

4.3. El intrusismo, la confidencialidad

En el afán o necesidad de diferenciar psicoterapia y *coaching* nos adentramos en la guerra del intrusismo profesional, que evidentemente no sólo aparece entre estas dos disciplinas. La actitud es básicamente lo que cuenta, pero también el contexto en el que se pretende ejercer esa actitud.

Recordemos cómo está contemplado el intrusismo profesional en el Código Penal:

LEY ORGÁNICA 10/1995, DE 23 DE NOVIEMBRE, DEL CÓDIGO PENAL
Artículo 403
1. El que ejerciere actos propios de una profesión sin poseer el correspondiente título académico expedido o reconocido en España de acuerdo con la legislación vigente, incurrirá en la pena de multa de doce a veinticuatro meses. Si la actividad profesional desarrollada exigiere un título oficial que acredite la capacitación necesaria y habilite legalmente para su ejercicio, y no se estuviere en posesión de dicho título, se impondrá la pena de multa de seis a doce meses.

2. Se impondrá una pena de prisión de seis meses a dos años si concurriese alguna de las siguientes circunstancias:

a) Si el culpable, además, se atribuyese públicamente la cualidad de profesional amparada por el título referido.

b) Si el culpable ejerciere los actos a los que se refiere el apartado anterior en un local o establecimiento abierto al público en el que se anunciare la prestación de servicios propios de aquella profesión.

Artículo 403, redactado por el número doscientos cinco del artículo único de la L.O. 1/2015, de 30 de marzo, por la que se modifica la L.O. 10/1995, de 23 de noviembre, del Código Penal («B.O.E.» 31 marzo). Vigencia: 1 julio 2015.

Recomiendo a quien quiera profundizar un poco más en el tema la lectura del artículo «Fipsicología», de Cesáreo Hernández Novoa, que recoge en su propia web: http://psicologiavigo.com/diferencias-entre-el-coaching-y-la-psicologia-desde-una-perspectiva-filosofica/.

Quisiera dedicar unos párrafos a la confidencialidad como valor universal presente en la mayoría de los ámbitos profesionales y directamente relacionado con las profesiones en las que se interviene con personas. En palabras de Cicerón: «La confidencia corrompe la amistad, el mucho contacto la consume, pero el respeto la conserva».

Tal vez parezca que es insistir en lo obvio y evidente, pero me quiero referir a la confidencialidad en el grupo y no sólo a la confidencialidad entre cliente y profesional. En muchas ocasiones, tengo la sensación de que se pasa por alto implicar a los participantes en un grupo en el tema de la confidencialidad. Desde mi punto de vista y experiencia, es imprescindible plantear la confidencialidad de forma explícita, porque facilita la vivencia y la expresión, protege la intimidad, aporta seguridad y favorece la cohesión de grupo y la complicidad.

Por otra parte, generar espacios seguros es lo que invita a las personas a destaparse. Los caballos y nosotros únicamente tenemos el papel de mediadores, generamos y propiciamos situaciones que faciliten la implicación de las personas.

Yo lo planteo con una simple frase: «Lo que salga en esta sesión se queda aquí».

4.4. Transformando la evidencia

Ni que decir tiene que estamos inmersos en un mundo con predominio de lo empírico sometido a la dictadura del método científico.

Tenemos el conocimiento y la evidencia empírica[32] de que las IAC «pie a tierra» funcionan, son operativas y empiezan a destacar como formas alternativas de intervención, pero no podemos abstraernos de nuestro contexto y hemos de hacer el esfuerzo de aportar datos y estudios si queremos que llegue la valoración y el reconocimiento social y académico. Recurro nuevamente a la idea de que andamos creando.

Quisiera compartir el diseño de un estudio piloto que elaboré hace ya un año, pero que por distintas circunstancias no

---

[32] El conocimiento empírico es el basado en la experiencia, que nos dice qué es lo que existe y cuáles son sus características, pero no nos dice que algo deba ser necesariamente así y no de otra forma; no nos aporta una verdad universal —si es que estas existen—. Consiste en todo lo que se sabe y que es repetido continuamente, teniendo o sin tener un conocimiento científico.

pude concluir. Me ha aportado el aprendizaje de las dificultades metodológicas, las reticencias científicas y de los profesionales frente a lo nuevo y un dato más que corrobra una intuición: el psicodiagnóstico es un elemento de anclaje en la zona de confort de muchas personas.

4.5. El tratamiento de la ansiedad con PAC: la aplicación del modelo EAGALA

En la presentación del estudio se explica básicamente la metodología y los objetivos, que ya deben ser conocidos por la mayoría de vosotros, lectores, así que voy al grano para no extenderme mucho. Pero no olvidéis que se trata de un «estudio piloto», no de una tesis doctoral.

Objetivo: dado que apenas existe literatura al respecto ni estudios referidos al método PAE y su aplicación, al menos en nuestro país, el objetivo es realizar un estudio observacional sobre la efectividad de este tipo de intervención/metodología (PAE) en el trastorno de ansiedad en pacientes atendidos en los equipos de atención primaria.

Dicho de otro modo, se trata de ver si existe o no efecto en los pacientes tras la aplicación de las sesiones con PAE.

¿Por qué el estudio con la ansiedad? Existen dos criterios fundamentales: por un lado, la «prevalencia»: en atención primaria, en España, siguiendo criterios del DSM-III-R, se han encontrado unos resultados de una prevalencia de 13,8 % para trastornos de ansiedad. En cuanto a síndromes más concretos, arrojan cifras de ansiedad generalizada de 7,3 %, un 3 % de trastorno de pánico y un 3 % de trastorno obsesivo compulsivo.

Y, por otro, la «comorbilidad»: en los trastornos de ansiedad nos encontramos con una alta comorbilidad. Se estima que tan sólo uno de cada tres pacientes presenta un único trastorno; los otros dos (de cada tres) presentan más de un trastorno.

La ansiedad es, en principio, una emoción humana normal, cuya función inicialmente es activadora ante una amenaza, movilizando actividad o tensión, lo que aumenta la capacidad de respuesta del individuo. Ante una situación potencialmente amenazante se producen una serie de cambios en el organismo destinados a la preparación para hacer frente a la amenaza. Esta respuesta tiene un carácter adaptativo desde el punto de vista filogenético, facilitando la focalización de la atención en la amenaza, la activación de los sistemas fisiológicos implicados en las respuestas motoras y la motivación para la acción. De hecho, la relación entre la activación producida por un agente estresante y la actuación o el rendimiento suele mantener una forma de «U» invertida, según la ley formulada por Yerkes-Dodson.

Si bien los niveles bajos y medios de activación hacen que esta actúe como facilitador del rendimiento y ejecución de cualquier tarea, cuando se elevan demasiado los niveles de intensidad del estresante, la activación excesiva entorpece la ejecución.

La ansiedad se transforma en una condición patológica en el momento en el que el estímulo no la justifica o se produce de forma demasiado intensa o prolongada en el tiempo, por lo que la diferenciación entre lo que es normal y patológico se basa la mayoría de las veces en criterios cuantitativos más o menos arbitrariamente consensuados. Así pues, los criterios para establecer la diferenciación entre lo normal y patológico se basan en la interferencia que los síntomas causan en la vida del sujeto, la incapacidad para controlarla, la falta de justificación por el objeto desencadenante, la duración y el acompañamiento de síntomas físicos. Por lo tanto, y como en el resto de las emociones, debemos considerar que la ansiedad es patológica cuando es:

- Persistente (criterio de duración).
- Generalizada (criterio de extensión).
- Desproporcionada, para el estímulo que la origina.
- Sin capacidad de respuesta.
- Dolorosa.

Desde el punto de vista psicopatológico, la ansiedad se define como una sensación de tensión que anticipa la presencia de un daño al organismo. Es una emoción similar al miedo, pero en la que, a diferencia de este, no hay una causa inmediata. De hecho, a la ansiedad se la suele denominar «el miedo sin objeto». La ansiedad se manifiesta a varios niveles. Se suele hablar de manifestaciones:

- **Cognitivas**: temor, insomnio, irritabilidad.
- **Motoras**: temblor, tensión muscular, fatigabilidad.
- **Vegetativas**: disnea, palpitaciones, náuseas, sudoración polaquiuria, escalofríos.
- **Conductuales**: evitación huida.

A veces, se distingue entre ansiedad —el componente psíquico de temor indefinido— y angustia —relacionado con el componente somático y visceral, con la inhibición, etc.—. Pero, en ocasiones —sobre todo en el lenguaje popular—, los dos términos se usan de forma indistinta. De hecho, la Clasificación Internacional de Enfermedades de la OMS (CIE-10), en su prólogo a la edición española, resalta que considera como sinónimos a las palabras ansiedad y angustia.

Los pacientes serán seleccionados por médicos de un centro de atención primaria que cumplan los criterios de inclusión, puedan entender las condiciones y características del estudio y acepten participar y firmar consentimiento informado para ello de forma voluntaria.

Una vez seleccionado el grupo de pacientes, y tras una primera entrevista grupal en la que se explicará el procedimiento, se acordarán las sesiones mensuales y el calendario de sesiones, y se informará de la metodología y sus requerimientos. Es viable si existe acuerdo entre los participantes la realización de dos sesiones mensuales, en cuyo caso se adaptaría todo el calendario.

Para el estudio, se requiere un grupo de entre ocho y diez pacientes con los siguientes criterios de inclusión:

- Diagnosticados de trastorno de ansiedad leve-moderado.
- Con edades comprendidas entre los dieciocho y los sesenta años, de ambos sexos.

El criterio de leve-moderado vendría definido por una puntuación en la escala CGI-S mayor que 0 y no superior a 3 o 4 y con, al menos, un mes de tratamiento sin modificaciones —es decir, estables—, excluyendo a pacientes con trastornos mayores —esquizofrenia, trastorno bipolar— o enfermedades médicas como epilepsia o ACV.

Los datos previos de cada uno de los pacientes se tomarán mediante un cuestionario vía Internet.

Se iniciará el procedimiento con una sesión grupal en despacho para la toma de contacto, la firma de la carta de compromiso, realizar los ajustes necesarios en el calendario de las sesiones en pista y la administración del antes de la Escala de Impresión Clínica Global (CGI-S) de cada uno de los pacientes.

El trabajo con PAE será una sesión mensual a lo largo de cuatro meses, en las cuales se tomarán los registros de la Escala Visual Analógica (EVA) antes y después de cada sesión. Al finalizar las sesiones programadas, se administrará el después de la Escala de Impresión Clínica Global (CGI-S).

Las actividades se estructuran, plantean y realizan a lo largo de la segunda parte de cada una de las sesiones. La idea es focalizar el diseño de las actividades en el síntoma (ansiedad) como hilo conductor del trabajo con los caballos a realizar a lo largo de las distintas sesiones. Recordemos que todas las actividades son pie a tierra y que no es necesario tener experiencia previa con caballos, no se monta.

Cada una de las sesiones estará subdividida en tres áreas en función de los distintos niveles de trabajo con «el síntoma». La estructura planteada corresponde al modelo para la primera sesión, ya que las otras tres serán diseñadas a partir del trabajo que se desarrolle en las anteriores y la dinámica grupal que se establezca en función de los pacientes. Puede cambiar el contenido de las sesiones, respetándose los tiempos.

1ª parte: 30'. La cognitiva, «pensando» la información.
Qué es la ansiedad. Cómo se vive la ansiedad.
Qué genera la ansiedad y a dónde me conduce.
La toma de consciencia.

2ª parte: 90'. La vivencia y la experimentación.
Sensaciones referidas a la ansiedad.
Expresión de los estados de ánimo, «cómo vivo la ansiedad».
Cómo manejo la ansiedad.

3ª parte: 30'. La integración y generalización (el aprendizaje).
Pensamientos.
Sentimientos, sensaciones.
Si no hay ansiedad, qué aparece.

Las sesiones se llevarán a cabo en el Centro Hípico El Paseo, que se encuentra emplazado en Ortigosa del Monte, en la falda de la sierra de la Mujer Muerta —perteneciente a la sierra de Guadarrama—, que cuenta con las instalaciones adecuadas, incluyendo pista cubierta, y con todos los requisitos legales y de seguridad necesarios para el desarrollo de este tipo de actividades.

El equipo será el establecido en el modelo EAGALA: psi-coterapeuta y técnico equino, contando con la colaboración y el asesoramiento en el diseño del estudio de una psiquiatra-investigadora.

Contamos con un equipo de caballos que cumple con los requisitos básicos para este tipo de trabajo —ser caballos que viven en manada y semilibertad—, que ya han tenido experiencia con el trabajo pie a tierra en diversos talleres, jornadas y sesiones, de extrema sensibilidad y capacidad para interactuar con las personas.

Se evaluarán los cambios en los síntomas del trastorno de ansiedad en cada uno de los pacientes, mediante análisis descrip-tivo de los datos sociodemográficos y clínicos de los pacientes utilizando el programa Excel para el análisis estadístico de los datos obtenidos.

La efectividad se medirá por el cambio en las puntuaciones obtenidas de las escalas utilizadas, con gráficos descriptivos.

De este estudio, realizado con cinco mujeres diagnostica-das y en tratamiento, no hemos compartido resultados, porque fue imposible acabarlo. De las cuatro sesiones planificadas sólo logramos realizar dos y quiero compartir algunos datos obser-vacionales.

Una de las integrantes del grupo era diabética y se medía los niveles de azúcar antes y después de las sesiones: bajaba sin necesidad de insulina.

Otra, en la primera reunión en el despacho, me trajo una mascarilla para que se la mostrara a los caballos, ya que su alergia le obligaba a llevarla en cuanto salía a al campo. Nunca la utilizó.

Los niveles de ansiedad subjetivos, registrados con la escala EVA, descendían entre el antes y el después de las sesiones en

4,3 puntos. La conducta observada en los caballos, en general, era la de estar en casi permanente estado de relajación. Se dormían.

4.6. El efecto etiqueta del psicodiagnóstico

Reflexionando sobre las sesiones, y viendo los pocos datos recabados, me vino a la cabeza una cuestión que había intuido siempre y a la que pocas veces había puesto palabras: los seres humanos tenemos la capacidad de vestirnos —simbólicamente— con un traje con el que nos identifiquemos y nos distinga a la par que nos integre, y hay casos en los que ese traje no es más que el nombre de un conjunto de síntomas a los que se les ha puesto un nombre. No cabe duda de que es adecuado vestirnos antes de salir a la calle, pero no es necesario que usemos uniforme.

A esto lo he llamado «efecto etiqueta». Le pedí a una gran mujer, con gran conocimiento del mundo equino, en una sesión, que tratase de percibir y valorar su energía y su CNV[33] para mover a una yegua sin tocarla. Aquello era un poco desastroso: a su elevada energía, entre otras cosas, la yegua reaccionaba alejándose cada vez más, y cuanto más se alejaba, más subía su energía, corría detrás de la yegua, que trotaba. Cuando se dio por vencida, se acercó a mí y me dijo: «No puedo, ¡soy bipolar!». Quiero recordar que mi respuesta fue algo así como «me importa un bledo lo que te hayan dicho que eres, sólo te he pedido que muevas a la yegua sin tocarla y trates de llevarla a la redonda. Trata de cambiar tu energía». Lo logró.

---

[33] CNV: Comunicación No Verbal. «Somos lo que decimos con palabras y lo que sentimos y expresamos a pesar de ellas».

En cuestión de datos, los que se presentan son, estadística-mente hablando, una miseria —o dicho técnicamente, nada signi-ficativos. ¿Recordáis la campana de Gauss?—. Han sido recabados a partir de una muestra de doscientas treinta y cinco personas que han asistido a cualquier tipo de IAC a lo largo de un año: grupos terapéuticos, talleres, jornadas, sesiones individuales… Mi intención no es otra que la de evidenciar la necesidad de trabajar con datos más o menos objetivos, que no implica hacer un estudio exhaustivo. En el momento en el que estamos, son simplemente datos orientativos que, al menos a mí, me generan preguntas y hacen que me cuestione temas, a la vez que me incitan a indagar más en determinadas direcciones, no las que yo quiero, sino las que los datos me aportan.

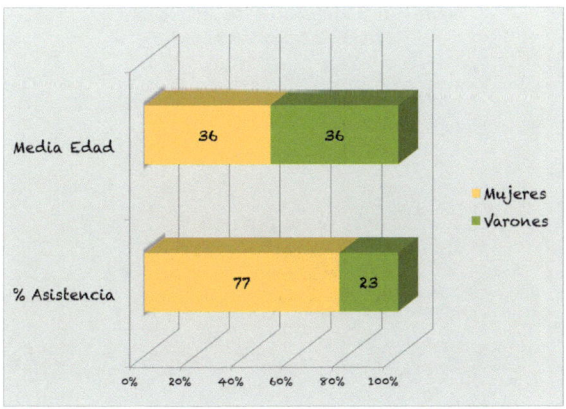

Como vemos, la media de edad, tanto de varones como de mujeres que han asistido a IAC, es la misma (treinta y seis años), pero no el porcentaje de personas que demandan y asisten a ellas respecto de la variable género —el 77 % mujeres y el 23 %

varones—. Estos datos hacen que me pregunte qué será lo que hay detrás de ellos. ¿Qué hace que sean las mujeres las que más asisten? Podemos conjeturar infinidad de cosas para responder, todas insuficientes, claro.

Y es curioso que Hablando Con Caballos™ desarrolla un taller que se titula «El liderazgo es femenino», inspirado en el rol de las yeguas en las manadas.

Propongo otra forma de obtención de datos: las encuestas. A lo largo de 2015 hemos recabado cien respuestas mediante un programa sencillo de utilizar y gratuito[34]. Propusimos diez preguntas, de las que elijo los resultados de estas cuatro:

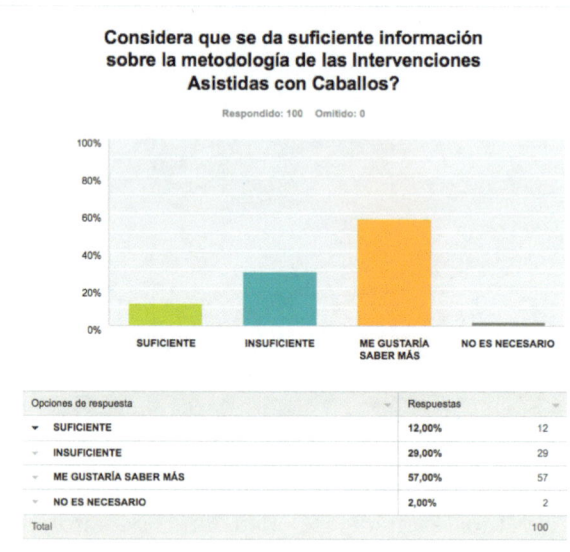

Considera que se da suficiente información sobre la metodología de las Intervenciones Asistidas con Caballos?

Respondido: 100 Omitido: 0

Opciones de respuesta	Respuestas	
SUFICIENTE	12,00%	12
INSUFICIENTE	29,00%	29
ME GUSTARÍA SABER MÁS	57,00%	57
NO ES NECESARIO	2,00%	2
Total		100

---

[34] https://es.surveymonkey.com/home/

Habrá que incidir en la necesidad expresada del «me gustaría saber más», y tal vez cubramos también la «insuficiente» información que aportamos.

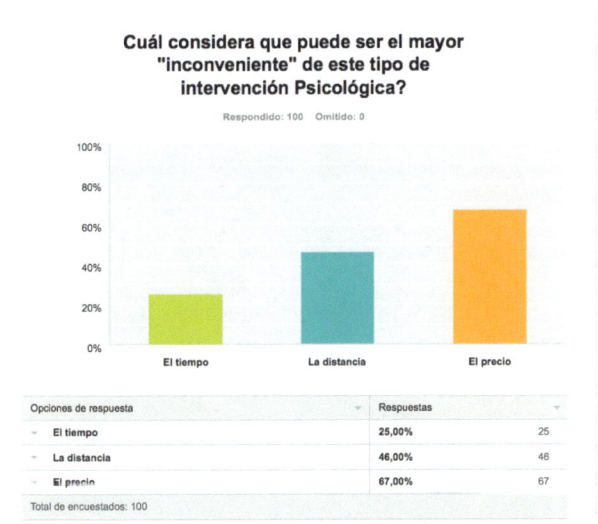

He de decir que sale más barato y son más efectivas las intervenciones con caballos, especialmente si lo contemplamos a medio-largo plazo: generalmente los tratamientos son de más corta duración que en los tradicionales.

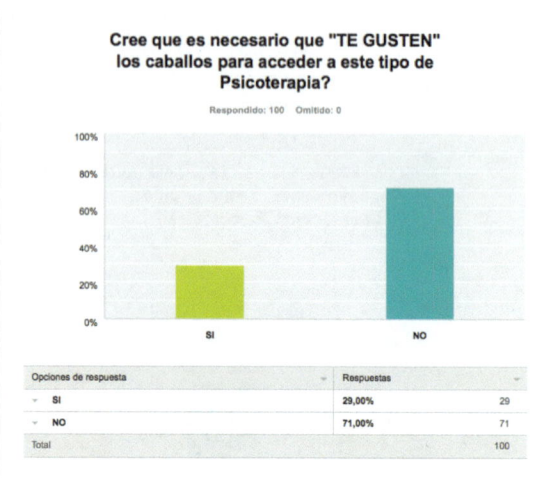

Yo sentí satisfacción ante este dato. Claro que aquí habría que indagar más en los «sí» que en los «no».

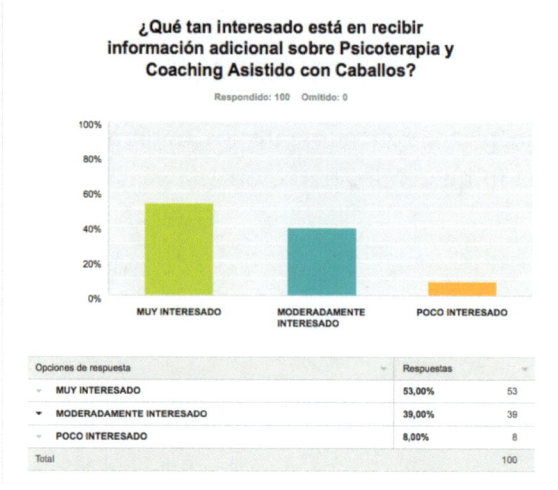

Deberíamos aportar más información. Saquemos conclusiones, aunque sean «a pelo»: más y más exhaustiva información parecería que es necesaria.

No quisiera dejar en el tintero mi percepción de que EAGALA es un modelo vivo, de difícil acceso si no manejamos ágilmente el inglés, que da suma importancia a los estudios e investigaciones sobre la aplicación del modelo, que anima a escribir y compartir, a descubrir. Y de entre ellos quiero hacer una mención especial al Dr. Iván García Apodaca por su tesis «Psicoterapia Gestalt y modelo EAGALA en mujeres adolescentes víctimas de abuso sexual», de la que con generosidad nos ha hecho partícipes.

En lo que a datos se refiere, tengo pendiente un tema de estudio y comprobación que no quiero dejar fuera y del que desconozco si hay gente que tenga algún tipo de experiencia y/o evidencia. Entre charla y charla con una compañera, un día, a raíz de andar conversando sobre las características del caballo y sus particularidades, surgió el tema del «olor a caballo». De ahí divagamos un buen rato entre placer y risas, cuando me espetó: «Pues yo estoy convencida de que a los caballos el olor que les apasiona es el Chanel N° 5».

La incredulidad y la sensación de desatino se hizo patente. No tenía claro si mi compañera había enloquecido, si había hecho la prueba —otra locura— o cualquier otra cosa, y se me escapó la pregunta: «¿Y cómo coño sabes eso?».

Me desternillaba abrazada a su relato de un taller que hizo con un grupo, al que asistió una mujer «bañada», al parecer, en semejante esencia, y no hubo manera de que los caballos se despegasen de ella.

Investigar, indagar, obtener datos no tendría por qué estar reñido con el juego. Se puede jugar muy seriamente.

4.6. El tiempo caballo

Existe una diferencia de tiempos. Los humanos pensamos que somos capaces de predecir, anticipar, proyectar y organizar de manera consciente y con propósito e intención. El caballo vive el aquí y ahora, y su única obsesión es la supervivencia, para la que pone en marcha sus mecanismos más ancestrales. Uno de ellos le ha permitido seguir entre nosotros «domesticado» desde entre el 3500 y 3000 a. C. en lo que hoy es Kazajistán.

Ese mecanismo es la huida, para la que está intrínsecamente preparado, mientras que a los humanos, depredadores por antonomasia, la propuesta que se nos hace etológicamente es la defensa, la lucha y, socialmente, el reto.

Según Agustín de Hipona, nuestra concepción de tiempo no es que sea errática, es que es una construcción, mientras que existe otro tiempo más natural, más «auténtico».

En el capítulo XIV de sus *Confesiones,* escribe:

«¿Qué es pues el tiempo? Si nadie me lo pregunta, lo sé; pero si quiero explicárselo al que me lo pregunta, no lo sé. Lo que sí digo sin vacilación es que sé que si nada pasase no habría tiempo pasado; y si nada sucediese, no habría tiempo futuro; y si nada existiese, no habría tiempo presente. Pero aquellos dos tiempos, pretérito y futuro, ¿cómo pueden ser, si el pretérito ya no es él y el futuro todavía no es? Y en cuanto al presente, si fuese presente y no pasase a ser pretérito, ya no sería tiempo, sino eternidad. Si, pues, el presente para ser tiempo es necesario que pase a ser pretérito, ¿cómo decimos que existe este, cuya causa o razón de ser están en dejar de ser, de tal modo que no podemos decir con verdad que existe el tiempo sino en cuanto tiende a no ser?».

Y en el capítulo XX:

«Lo que ahora está claro y manifiesto es que no existen los pretéritos ni los futuros, ni se puede decir con propiedad que son tres los tiempos: pretérito, presente y futuro; sino que tal vez sería más propio decir que los tiempos son estos tres: presente de las cosas pasadas, presente de las cosas presentes y presente de las futuras. Porque estas son tres cosas que existen de algún modo en el alma, y fuera de ella yo no veo que existan: presente de cosas pasadas (memoria), presente de cosas presentes (visión) y presente de cosas futuras (expectación)».

«Tiempo» es una expresión que, al parecer, tiene su origen en el calendario celta: *Equos*, «tiempo de caballos, idóneo para los viajes, entre junio y julio». En la actualidad es interpretada y utilizada de modos diversos, pero es curioso que quede asociada a la idea de «viaje». Desde el momento en que escuché esta definición —la de *Equos*— la asumí como propia; se convirtieron en las palabras casi mágicas que definen el tiempo de «lo interno», que tanto tiempo, esfuerzo y dinero me había costado antes de conocer a los caballos. El viaje hacia lo interno, hacia lo irracional, hacia lo inconsciente desde la razón: «Desde que descubrí a los caballos, Freud ya no me sirve».

El tiempo se empezó a medir ligado al día y la noche, con una sombra, una secuencia, a un ritmo, a una cadencia repleta de matices.

Tratar de definir el concepto de «tiempo caballo» puede resultar sencillo: es el tiempo necesario para que algo se dé, surja, confluya y arranque en la «consciencia» y, desde ahí, conquistarlo, comprenderlo, interiorizarlo, sentirlo, porque no opera ni con manillas, ni con números, ni con luces o su ausencia, ni con ritmos; no puede ser buscado, sólo encontrado. Su referente es la propia vivencia.

El tiempo caballo transgrede cualquier medición, se vive, se experimenta… Si algo lo caracteriza es la más absoluta de las subjetividades. Es aquel en el que algo brota cuando no me lo propongo y que cuando me lo propongo, no brota. Evoca la sensación de silencio, que resulta impalpable e ineludible cuando se percibe; es único para cada uno y, desde ahí, el intento de gestionar el tiempo pasa ineludiblemente por el descubrimiento de la vivencia personal.

El tiempo, el nuestro, vinculado al momento del principio y del fin —un verdugo disfrazado de bondad, en ocasiones—, nada se asemeja al tiempo caballo, que se sacude y encadena al simple, inapreciable y complejo para nosotros —los humanes—, aquí y ahora.

El tiempo caballo podemos palparlo en el trabajo con las personas de «capacidades diferentes» —sean las que sean—, es otro. El respeto a las capacidades de cada uno nos pone en la situación de asumir procesos de cadencia y ritmos diferentes, de tiempos únicos. Es el tiempo de la equidad. Ese es el tiempo caballo.

Aequus, Equus, Equidad, Equino, Equilibrio, Equitativo.

Lo imperdonable no es el tiempo medido —digo medido, el humano—, sino nuestra forma de vivirlo; acaba siendo más relevante su medida que lo vivido.

El tiempo caballo es el que no tiene cabida en nuestro tiempo, el que nos remite a lo sentido y vivido, que sólo existe en función de la experiencia y la historia individual. Se escapa a la medida: simplemente fluye.

EL TIEMPO CABALLO ES UNA SENSACIÓN QUE FLUYE, HILANDO ACONTECIMIENTOS Y VIVENCIAS.

Fin del paseo

Todo se inició con una concatenación de casualidades, de esas que acabas sabiendo que no lo son, que sólo son circunstancias que se presentan sin que puedas darles una explicación *a priori,* pero que cuando se van hilando dan sentido a lo que haces, a lo que piensas, a lo que sientes, dejando en el aire el hacia dónde te diriges.

He de reconocer que mi primer acercamiento al caballo fue afectivo; sin embargo, me vi abocada a empezar por aquello que todo el mundo hace: montar. Caes sin querer en estereotipos, ideas preconcebidas y tópicos: ¿para qué puede servir un caballo, hoy en día, si no es para montar? Intenté aprender siguiendo todas las instrucciones, estando atenta a las explicaciones de cómo debía hacerlo, siguiendo al pie de la letra las secuencias necesarias: sacar el caballo del *box,* aparejar cuidadosamente al animal y disponerlo para la monta, darle cuerda… Incluso el famoso «relájate» al subir por primera vez a los lomos de ese ser inmenso, lleno de fuerza, albedrío y claridad. Pero no se me debía dar muy bien; un día, Silver dijo «no» —me intuía y fue la primera vez que me habló en serio—.

Otro día, dando cuerda, se puso de manos frente a mí, con absoluto control de sus movimientos. Aunque en aquel momento sólo escuché mi temor, me descubrió la sordera de la que somos víctimas. Me hizo entender que hablaban. Me replanteé lo que andaba haciendo, y reconocí que odiaba darle cuerda. Empecé a hilar, se inició el vínculo y la complicidad. Fue entonces cuando tomé consciencia, con humildad, de lo puramente humano —el mundo de la monta—, que me obligaba a hacer cosas que no acababan de gustarme, frente a lo que él me insinuaba, que no era más que lo que realmente yo sentía. «No me gusta ramalearte, no me gusta cincharte, no me gusta…».

He montado sola con Silver por los campos de mi pueblo castellano. He tenido sensaciones y experiencias difíciles de igualar o asemejar. También hemos paseado del ramal por la vía pecuaria, cual perrillo con su dueño, siendo saludados por mayores, niños y niñas, ciclistas, personas de edad, familias…

Pero también voy a confesar que la última vez que me subí a los lomos de Silver, el *boss,* Ernesto, el dueño de la Hípica El Paseo, me comentó: «Lula, ya sé lo que le pasa a tu caballo, contigo se aburre, te subes y no le mandas hacer nada».

Lo asumo: ¡sólo necesito que sea caballo!

Es por todo esto por lo que un día me surgió una frase que yo misma he tachado de irreverente, que ha sido muy criticada, especialmente si se saca de contexto, pero que me sigue acompañando: «Desde que conozco a los caballos, Freud ya no me sirve».

Lectores, haced críticas, destrozad este texto, mejoradlo hasta que no sea más que una anécdota, pero hacedlo desde el afecto, desde la cercanía, desde el vínculo con los caballos y sus enseñanzas, no desde la controversia, el litigio o la oposición. Soseguemos nuestros egos.

Escribir y publicar este libro me ha hecho, a ratos, sentir como una presa. Ahora os toca a vosotros ser depredadores certeros, pero hacedlo con compasión.

Epílogo

Carta a Vera

Estoy a reventar de pena.

Reflexiono, y reflexionando me resulta curioso cómo pasan las cosas que no se pueden reflexionar.

Tú mismo dices que te cuesta conectar con tus sentimientos. Me hubiese gustado que te hubieses visto esta mañana, la cara y el gesto, la actitud, a ver si pierdes el miedo. Lo que sientes, al menos a mí, me gusta y lo que eres también.

Me he dado un enorme paseo de llanto para poder hablar después, y lo más elemental ha sucedido, las cosas que son sin más. Bush, Bushito, se ha venido conmigo como para no dejarme sola, y lo ha hecho a pesar mío; en otras ocasiones, se alejaba y buscaba su juguete preferido, los conejos o las liebres, correteaba de aquí para allá. Pero esta vez no se ha separado de mí ni un sólo segundo, marcando a lo largo del camino sus bizarros dominios.

Al regresar, César me ha guiñado un ojo y me ha enseñado con la mano en alto un bote de cerveza, justo cuando estaba a punto de arrancar el coche para irme.

Hemos estado charlando, casi una hora, del dolor, no de otra cosa. Hemos pasado de un dolor a otro, así, como si nada, del dolor de la pérdida, del dolor del vacío, del dolor de la condenada vida que no nos deja en paz con sus contradicciones. Del dolor de la agonía del que se queda en tierra.

Te lo he dicho cuando he salido de verla; miento, lo has adivinado. Me quedo con un recuerdo suyo mientras a ti el dolor o la tristeza no te permitan tenerlo. Pero en cuanto puedas, quiero que sepas que me siento sólo una depositaria temporal de algo que no es mío, sólo de algo que tú, tan generosamente, has compartido conmigo, a Vera y los raudales de ratos y comidas que hemos pasado juntos gracias a su existencia. Gracias a las tardes en las que te quedabas —y yo contigo— a sacar a Vera. ¡Qué suerte hemos tenido, compañero, qué suerte!

Nunca existe el modo exacto de despedirse, cada uno lo hace como puede. El dicho, en parte, es muy cierto: «el tiempo lo cura todo»; sólo en parte, porque lo que hace el tiempo es alejarte de la intensidad; no cura la herida, no llena el vacío, sólo abruma con lo nuevo, con aquello a lo que has de ir, dejando sitio en tu corazón porque todo junto no cabe. Dios nos tenía que haber hecho el corazón más grande. Mira que fue cutre el tío. Y supongo que esta es mi forma de desprenderme, es lo que me sale y no me corto. Ir a estar con vosotros, ir a verla, pasear, llorar y escribir, escribirte…

Cómo pesa el vacío. Nunca se está preparado para acogerlo. En ocasiones, tengo la sensación de haber envejecido mucho en poco tiempo, de haber aprendido demasiado; en otras, tengo la sensación de ser absolutamente inmadura, de no estar acomodada en esta vida que es lo único que tenemos.

Yo soy la primera sorprendida de estar viviendo esto de este modo. Nunca imaginé que pudiese llegar a querer tanto a ese animal… Torda, cabezota y grandiosa en las formas. Sus caricias eran, por su fuerza, como bofetadas al afecto; lo que para ella era un pedir, buscar o simplemente una carantoña, para mí era un envite, hasta que te atreves a entenderlo. Pero lo que me ha apasionado es que acabas deseándolo, necesitándolo y, supongo, mereciéndolo.

Debe de ser casualidad, pero escucho un silencio especial, sólo los pájaros, nada de coches ni de aviones, nada de voces, nada de nada que no sea lo que debería ser. Quiero y, a la vez, tengo miedo de volver a revisar las fotos, pero cómo me alegro de haber tirado sin parar. ¿Te acuerdas del que decía de aquella foto de Vera, en absoluto movimiento…? «Un segundo antes o uno después, el disparo hubiese estado mucho mejor». A ese, al del segundo antes o después, le voy a contar que se meta la foto por el… O tal vez no, no entendió nada.

Emi, gracias inmensas por dejarme verla. De otro modo, me hubiese costado más trabajo entender que ya no va a estar, que ya no estará nunca más. Y esto es lo único que se puede afirmar tan categóricamente en esta vida. Nos morimos, poco a poco, tan poco a poco que caemos en el absurdo de pensar que eso no va a pasar. ¡Seremos simples!

Me cuesta trabajo pensar y, sobre todo, sentir que ya no hará falta que tenga cuidado de que no me muerda, sin querer, al darle zanahorias o manzana, los pellizquitos inmensos de su fuerza, de que no me pise… Me cuesta saber que el próximo paseo por el picadero será sin que me atropelle buscando un premio no merecido, sin poder contemplar su azarosa belleza y sólo poder recordarla, sin verla en movimiento, bailando entre las luces de la puesta de sol o sentirla inquieta sin que mi torpeza me permita conocer el porqué, porque eso es torpeza y no otra cosa.

Pasamos el mejor Día del Padre que se pueda imaginar, sin más regalo que el de estar juntos, sin más jolgorio que un paseo, el mejor, sin más aparejos y esperanzas que la hierba fresca y la merienda de la niña, sin más expectativas que el estar juntos un día cualquiera que coincidió con ese día.

Emi, hoy la protagonista no ha sido la vida, no ha sido la esperanza, ni tampoco la ilusión, todo lo contrario, pero me alegro de que me hayas dejado estar y acompañarte, me complace haber podido expresarme, y siempre imaginé que contigo podría ser así, dejarme ser o, lo que es lo mismo, existir.

Casi no puedo contener las ganar de ir a verla, aun sabiendo que no está. De ir a sacarla al condenado picadero siempre igual, inerme, rectangular y rígido, siendo ella lo único que lo hacía estar vivo. Volver para darme cuenta de que todo lo vivido es verdad.

El acto simple de ponerle el cabezal se había convertido en una especie de unos buenos días sin decir. El silbido que tanto me costó aprender, porque me salía el de la perra. Sus patadas en la puerta al verme, su inquietud del «vamos, date prisa», su inmensa figura dejándose acariciar, sus revolcones y sus saltos de alegría en libertad restringida, o al menos así los interpretaba yo. Su actitud coqueta con los potros y caballos al sacarlos César, su bellísima estampa liberada del establo, porque era bella a rabiar, y su ser domesticable pero inexpugnable.

Aún recuerdo que, al principio, cuando me hablabas de ella y todavía no la conocía, me hice una idea que no le hacía justicia, pero cuando la vi, ¡Dios mío, cuando la vi…! Cuando la vi por primera vez, recuerdo que casi te insulté. La describiste casi como un burrillo y lo que tenía ante mí era uno de los seres más hermosos que hasta entonces había contemplado. ¿Cómo puede dejar de existir algo tan bello?

Estoy dolida, profundamente dolida con la vida. Surge la estúpida pregunta: ¿por qué? ¿Por qué ahora, por qué así, por qué no a otro, por qué a nosotros? ¿Por qué? Y me respondo: porque eso nos ha permitido vivir y sentir cosas inolvidables, porque eso nos ha consentido ser tremendamente partícipes y cómplices —sobre todo cómplices—, nos ha concedido la dulzura y los cabreos, nos lo ha permitido al estar vivos; la vida, que sin muerte no lo es, será otra cosa, pero vida no.

Todavía rememoro tu figura, allí plantado, pareciendo estar henchido de orgullo, pero sin decirlo. Todavía tendrán que pasar un montón de días hasta que el tiempo haga su labor: apocar el dolor y convertirlo en simple recuerdo.

Y los recuerdos se amontonan en forma de imágenes todavía, siempre o casi siempre con la misma luz, la de la tarde, la luz de color oro; cuando empezaste a enseñarme a ponerle la montura y el bocado, cuando empecé a montarla teniendo que subirme en el escaloncito para poder atrapar su figura con mis piernas, el día que me caí y vuestro grito al unísono, «¡súbete, súbete!»; las veces que hemos ido por el campo, tú montando y revoloteando a nuestro alrededor mientras paseábamos; los días de frío, aquel en el que me llegaste a arropar con tu ponchito; tu manía, que he seguido paso a paso, de volver a engarzar el cabezal una vez quitado; el día que la duchaste; las zanahorias del Dia, las más grandes del mercado; el aire arrasando las arrugas mías y tu calva…

Estos últimos días he ido mucho a verla. Me daba paz, la paz que no me da mi humana existencia, la paz que no me da mi condición de ser pensante, la paz que da la simple y pura sensación, sin palabras que la cristianicen en sentimientos.

Tengo la mirada hinchada de encajar el llanto y me pregunto a cada rato cómo estarás tú.

Es cierto, como te dije, que le di un montón de besos. Lo que no te dije es que le hablé. Le conté que las casualidades de la vida no son tales, que me entusiasmaba haberla conocido, que sólo ella ha fortalecido lo que ahora tenemos, que tarde o temprano nos volveremos a ver en ningún sitio y que aquello que yo besaba y acariciaba no era ella, sino sólo un espejismo, un temor hecho realidad.

Cómo lamento, amigo mío, haberte acompañado en esta ocasión, cómo me conforta haberlo hecho.

Escucho una y otra vez, sin desaliento, *Hotel California* de Eagles, que tú me regalaste, la mejor versión, el mejor regalo que, a su vez, he regalado, y todo lo vivido es tan fuerte que se quedará grabado en mis neuronas, en la piel, hasta que vuelva a ver a Vera.

Y tengo miedo de no poder dejar de escribir.

Bibliografía

CAROLYN RESNICK METHOD™. *Los 7 Rituales del Abrevadero*™. *Clinic* impartido por Julia Felton. Mayo de 2011 en Equilibri.

CASTRO, D.: *El silencio de los caballos*. 2015, Buenos Aires.

COATES, M.: *La conexión espiritual con los caballos*. Ed. Tutor, 2010, Madrid.

CORDERO BORBOA, F. A.: *Psicoterapia Asistida con Equinos*. 2013, México, D. F.

DENTON, D.: *El despertar de la consciencia: la neurociencia de las emociones primarias*. Paidós, 2009, Barcelona.

DE WALL, F.: *El mono que llevamos dentro*. Ed. Tusquets, 2010, Barcelona.

GARCÍA APODACA, I.: *Psicoterapia Gestalt y modelo EAGALA en mujeres adolescentes víctimas de abuso sexual*. Tesis doctoral. Instituto Humanista de Sinaloa AC., México, julio de 2015.

GONZÁLEZ, C., físico. Película: *Entre Maestros*.

HAUTE ECOLE, N.: http://hauteecole.ru/

HEMPFLING, K. F.: *Las personalidades del caballo*. Ed. Omega, 2003, Barcelona.

KOHANOV, L.: *The Power of the Herd: A Nonpredatory. Approach to Social Intelligence, Leadership, and Innovation*. E-book.

MARTOS-MONTES, R., ORDÓÑEZ-PÉREZ, D., DE LA FUENTE-HIDALGO, I., MARTOS-LUQUE, R. y GARCÍA-VIEDMA, M. R.: «Intervención asistida con animales

(IAA): Análisis de la situación en España». *Escritos de Psicología*, Vol. 8, n.º 3, septiembre-diciembre, 2015, pp. 1-10.

http://www.escritosdepsicologia.es/descargas/revistas/vol-8num3/vol8num3_1.pdf.

MOSTERÍN, J.: *La naturaleza humana*. Ed. Espasa Calpe, Gran Austral, 2006, Madrid.

MURIEL HOLGADO, D.: *Glosario para terapias con caballos*.

http://lasterapiasconcaballos.blogspot.com.es/2015/03/1-glosario-para-terapias-con-caballos.html

NAVARRO, M.: *Si el humano supiera…*, 2016 España.

NOAILLES OLIVÉ, F.: *Sentir: claves para vivir el presente*. Ed. Aguilar Fontanar, 2009, Madrid.

PIKE, K., KOHANOV, L.: *Hope… From the Heart of Horses*. Skyhorse, 2009.

REES, L.: *La lógica del caballo*. Ed. Lettera, 2010, Sevilla.

RESINES ORTIZ, R.: *¿Cómo pueden los caballos ayudarte a conseguir liderazgo y equilibrio?*

REY CERVÓS, M.: *Coaching Asistido con Caballos: Cómo los caballos enseñan a ser felices a las personas*. E-book.

THOMAS, Lynn & Mark, Lytle: *Transforming Therapy through Horses,* EAGALA, 2016.

Agradecimientos

No soy capaz, y no tiene nada de malo reconocer limitaciones, de escribir una lista de nombres seguidos de una bella frase. Me atrevo a compartir lo que siento y tratar de expresarlo, los caballos me dijeron muy claro.

Quiero agradecer especialmente y dedicarle este pequeño trabajo a una persona que ya no está acompañándonos en esta realidad, tal vez en otra; a Mercedes Teruelo de Anta —Pitus—, que me acompaña en cada viaje a Segovia, en cada momento de flojera o soledad, exactamente igual que lo hizo la primera vez que hablamos. Gracias por estar ahí.

Quiero aprovechar la oportunidad que me presta su ausencia física para agradecer también a todos esos personajes que sin haber muerto, desaparecieron por razones varias de mi vida, pero que siguen perteneciendo a mi realidad, la de las ausencias.

Quiero, no sólo agradecer, sino expresar mi «hambre» de ellas, a las que me acompañan en mis «neuras» y soportan mi forma de ser y estar. Mónica, Marta, que me quieren sin condiciones y alimentan mis inquietudes desde el cuestionamiento cariñoso repleto de sonrisas.

Quiero, a Silvia Galán y Ernesto Mioño, los *boss* de Hípica El Paseo, mi hípica y mis *boss*, expresarles con sencillez y calado lo mucho que los quiero; ellos no son dos, son muchos, en el contexto de la humildad, la sinceridad, la congruencia del simple ser… Son el alma de un proyecto que no es suyo: gracias por vuestra generosidad, compañía, apoyo y fidelidad.

Quiero presentar mi acatamiento respetuoso a todos los caballos y yeguas que se han cruzado en mi camino, especialmente a la manada de Navalengua, en quienes ya no puedo pensar, sólo sentirme a su lado. Que cada cual me ha regalado un aprendizaje, pero sobre todo, porque cada uno me ha prestado un poco de su humildad y regalado un pedazo de autenticidad. Mi eterno agradecimiento por haberme ofrecido la oportunidad de intentar ser mejor humana.

Quiero reconocer a mis pacientes —a todos, los actuales y los pasados— su paciencia y constancia, su esfuerzo; si he aprendido algo en esta vida ha sido gracias a sus historias, a su confianza y a su entrega. Si hay algo que me enloquece de felicidad, es que me han permitido saber que ya no dependen de nada de lo que yo pueda ofrecerles para ser buenas gentes.

Mi vida ha estado rodeada, acompañada y arropada por mujeres. Yo no lo elegí, simplemente sucedió, por eso quiero agradecer a mi padre la virtud de mi existencia. Gracias, «doctor», por haber compartido con nosotros.

Quisiera entregar el corazón a Emi y a Vera, por ser, sin saberlo, los instigadores de un cambio vital sin límites.

Gracias a Joy —Joan Quintas—, que me ha hecho descubrir realmente lo que es la falta de consciencia, con todas esas pequeñas y grandes obras de arte que me hacen imaginar que ya se ha desprendido de su oreja.

El 4 de Abril de 2011 a las 07:47 se creó un pequeño grupo en Facebook que llamamos «Hablando Con Caballos». Gracias a todas las personas que habéis aportado, compartido, ayudado, jugado, regalado, administrado y seguís haciendo posible ese «prado virtual» que desde luego no es lo que era —la manada ya consta de 10.756 individuos—, pero que nos permite seguir estando unidos gracias a los Caballos.

Un gracias muy especial a Mercè Herrero, Edgar Guerrero, Alexx Nyman, Nuria Sala, Mirón Bococi, por regalarnos el primer encuentro real del grupo en las Primeras Jornadas «Hablando Con Caballos» en Hípica Clará (Argentona), mayo de 2013.

Me dejo a muchos seres en el tintero, lo sé, a mi editorial, a mis maestros, a mis plantas, a mis compañeros... A todos, mi gratitud y mi sincero afecto, el cariño diseminado por el prado para que cualquiera pueda pastarlo.

Instantes

No solo les llamamos, son facilitadores.

Respiramos juntos el respeto a la diferencia. Asociación de Equitación Terapéutica La Corbera (Sevilla). ¡Gracias!

No están, son. Arrate Izaguirre y Silver.

El pacto del tacto. Silver y Alexandra Carré (Alex).

Un binomio, dar y/o recibir.

No creo, me re-creo.

No es de locos: yo les cuento lo que tenemos por delante…

El regalo de la expresión.

Mujeres trabajando. ¡Por favor, compartid!

A veces las cosas salen diferentes si se hacen a la inversa.

A los/las «culpables del comienzo sin fin»: Vera y Emi, mis más humilde reconocimiento y todo mi afecto.

Para «volar» sólo hace falta un «caballo». Con Sofía Lamblin (Cavalls de Malavella).

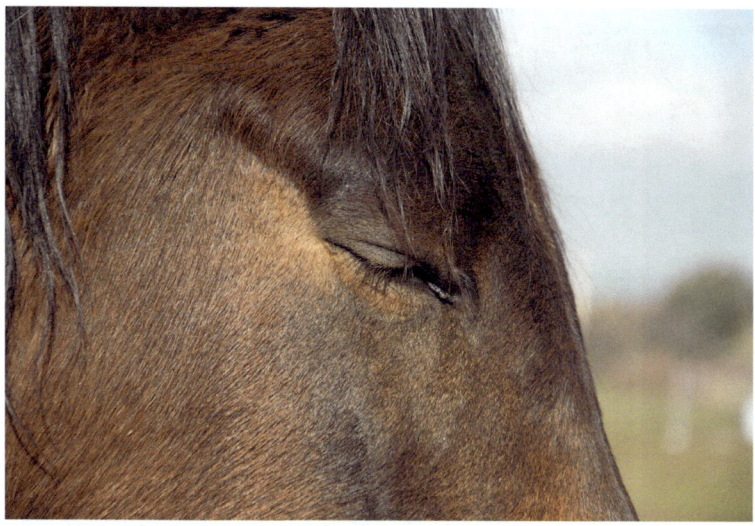

La sensibilidad es capaz de arrancar la belleza.

«Boss», gracias por existir, por dejarnos ser parte de la manada y enseñarnos cada día a ser más caballo.

Una parada en el afecto.

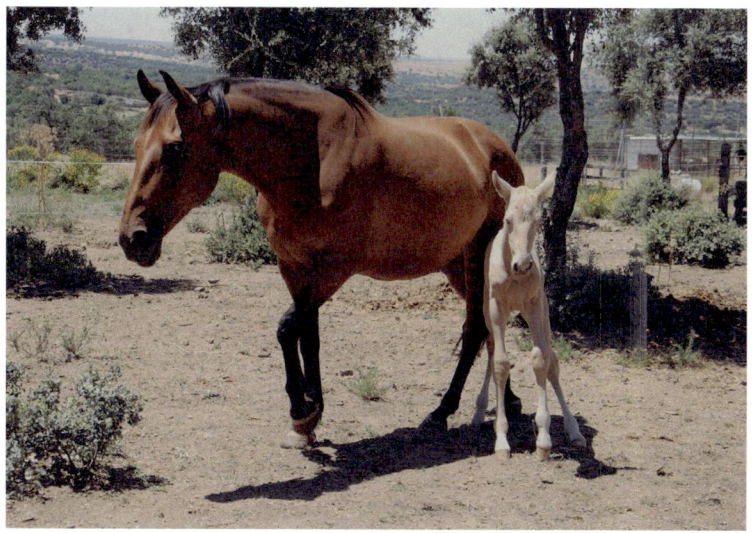

Señora, gracias por todo. Zara y su regalo de vida, Pedrito. El Paseo.

Uno de los regalos recibidos en Tatanca, con Nuria Sala.

No nos necesitan para nada, nosotros a ellos sí. «Cara sucia».

019.tif

020.tif

Masakr Elsinor, compañía checa de teatro independiente: sin cortapisas, ¡la comunicación sin palabras junto a los caballos!

Claro, como te empeñas en enseñar a leer a los caballos…

Pensé que habría que valorar el coste del deterioro que producirían los caballos en el material que manejamos. ¡Hace más de dos años que no repongo nada! La fuerza no está reñida con el cuidado.

Pitus (Mercedes Teruelo de Anta), te encantó esta foto, ahora ya lo entiendo.

¡La curiosidad mueve montañas!

Los humanes nos creemos «reflexivos», pero tenemos una imparable tendencia a la acción.

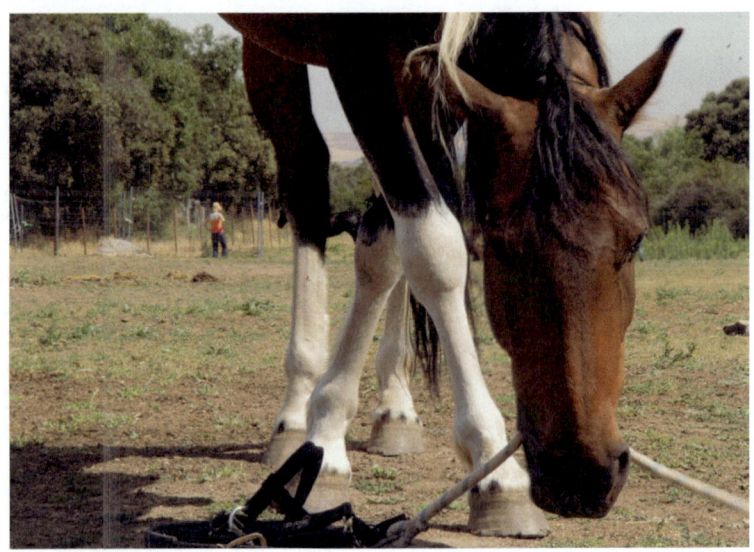

Trabajando en colores…

Silvia Galán (Hípica El Paseo). Gracias por tu ejemplo de vida y enseñarnos a preocuparnos menos cada día.

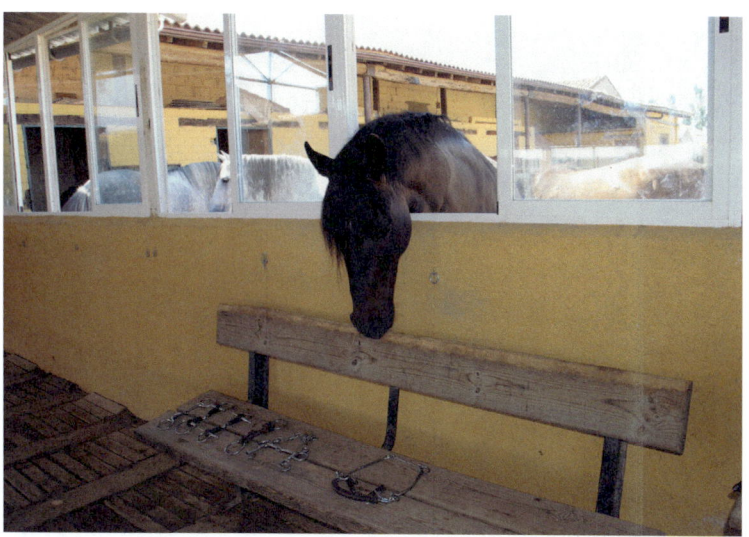

Perdón, ¿se puede hacer alguna sugerencia…?

Lo imposible existe.

La generosidad disfrazada de curiosidad.

Instantes de SINCRONÍA, *que aparecen cuando menos se espera y perduran para siempre.*

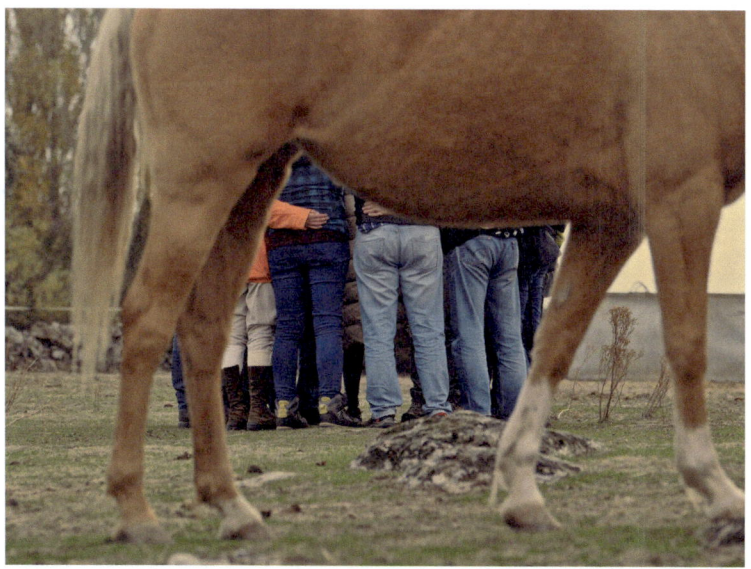

«Pie a tierra», de igual a igual.

Una sesión en Tovarich que, tal vez por casualidad, significa camarada.

Propuse, entregándoles una cuerda: «Buscad el lugar del prado en el que mejor os sintáis», ¡allí se hospedaron todos y todas!

Una hora antes, ninguna de las tres se conocía…

Entrar en el mundo de lo sensible es entrar en el mundo de los regalos.

Viviendo la reflexión. ¡Gracias, Marian!

Siempre siento al ver esta foto que es parte de una serie, paz y confianza. Zara.

Simplemente no podía dejar de compartirla. Foto de Joan Quintas 'Joy'.

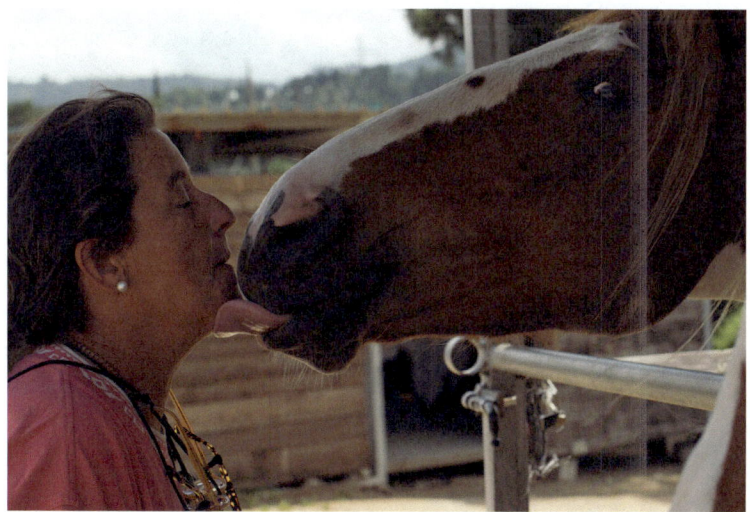

Lo único que no se nos puede refutar: la sensación. Foto de Lu Arroyo.

Un equipo en movimiento, fluye el tiempo caballo.

Simplemente dijo: «Muy simpático tu caballo, Lula».

Parecería "soledad", pero es reflexión. (Mori).

En este trabajo nunca estamos solos.

Desde el respeto, el vínculo.

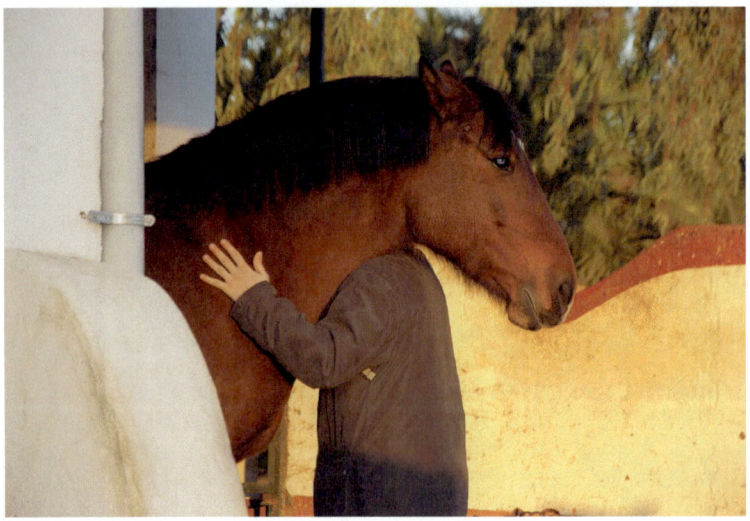

Proporción áurea; junto a los caballos podría ser otra.

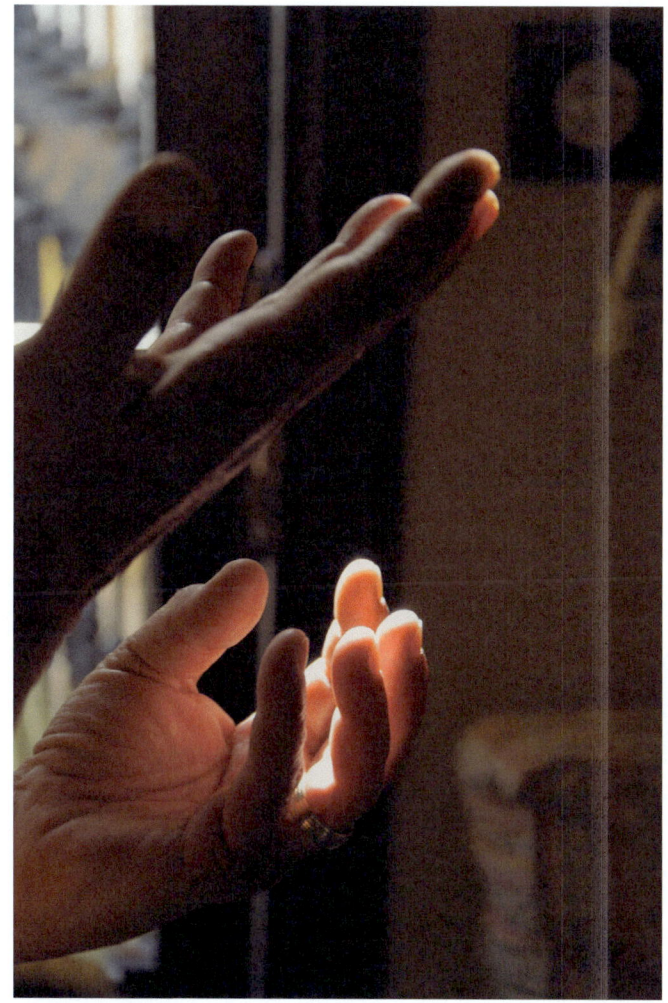

Las manos voladoras.

Regalo.

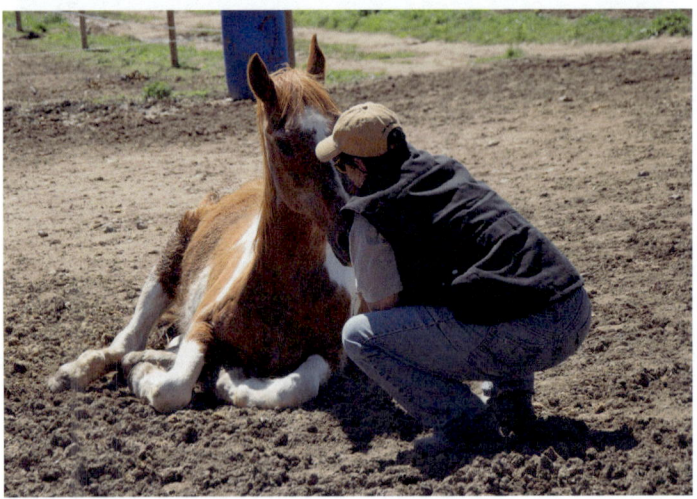

¡Charlando con Zeus!

Y pasamos, al llegar, unos cuantos meses «haciendo nada…».

La primera vez que hablamos, me arropó el dolor estando a 900 km de distancia. Nunca sabré si yo fui capaz de arropar el suyo. Pitus y Zara.

Zara, Silver y Natu. No tengo palabras, sólo sensaciones que me arraigan a la plenitud.

Aquí nosotros tenemos prioridad. Bosque de Riofrío (Segovia) con Mercedes Teruelo (Pitus).

HCC™ *Colabora con el proyecto Santuario de caballos SAM (Menorca), compartimos que es posible «un lugar donde las cosas serán distintas».*

Al recibir, de alguna manera, obtenemos la responsabilidad de aprender a dar.

Pitus llamó a su yegüita ALMA, por algo será.

Ella, no sólo monta…

Establos El Sombrero, Cobeña. Gracias, Cesarito, por todo lo que me has aguantado, enseñado y ayudado.

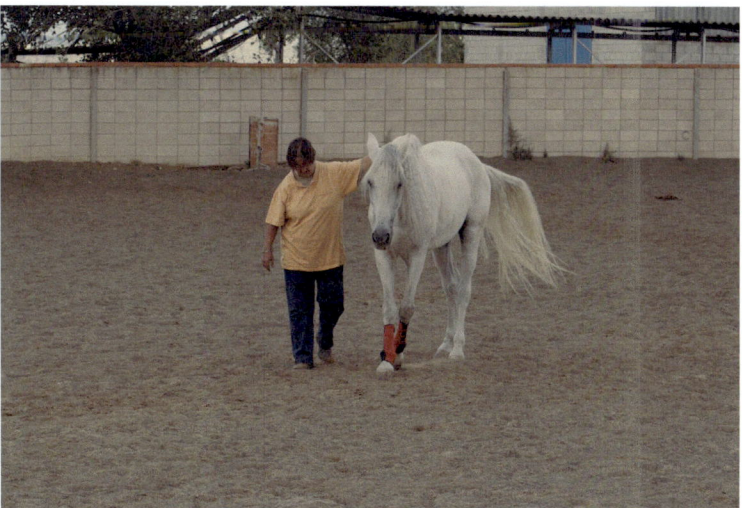

Su nombre es Aire.

Nos hemos re-construido mil veces desde aquella primera construcción. El Paseo es ya una parte indisoluble de nosotros mismos.

R.E.Y.C.A. (Ajalvir). Gracias por acogernos a todos (caballos y humanos) con tanta generosidad y esfuerzo.

Saboreando la vida.

Lo que importa es la actitud.

Ex-presa.

Lo secreto. Bo y Arrate Izaguirre.

Sin temor, descubrimos el poder de la confianza.

Desde dentro, siempre mejor que desde fuera.

No habrá más muros, Silver.

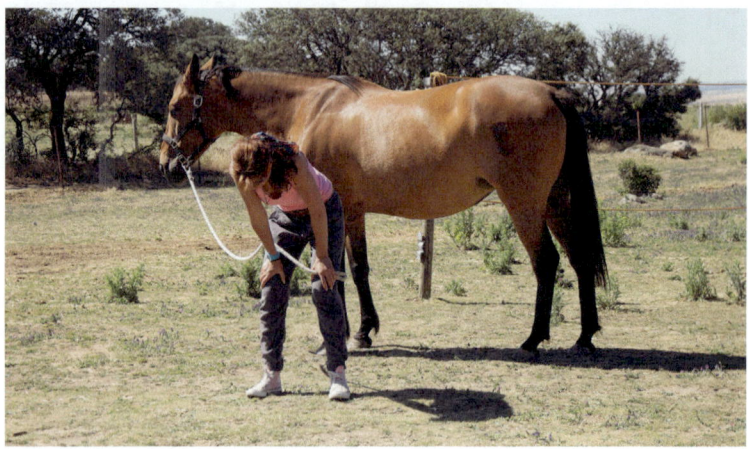

Buscando una solución, Zara esperando a Pili.

Para saborear más las sensaciones cerramos los ojos. Silver y Peru.

De la sensación al sentimiento: la palabra.

Escuché a Lucy Rees hablar de lo importante que es saber cuándo parar…

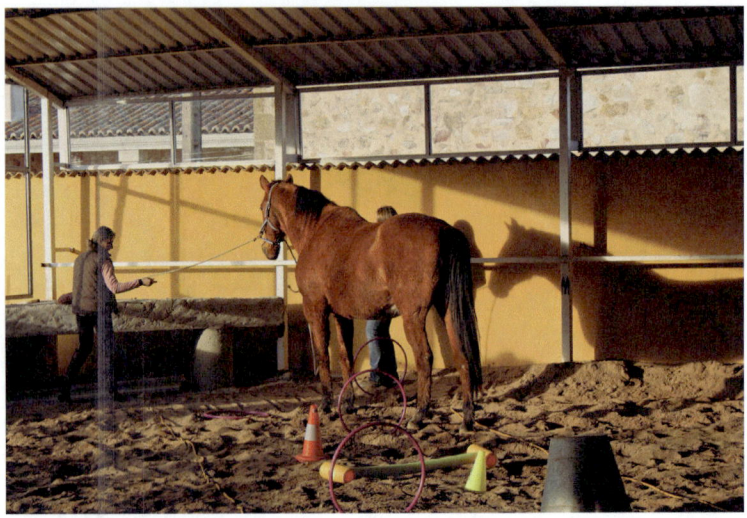

Un fin de semana con Duende. Centro Ecuestre La Herradura (Zamora).

No pensemos que es liderazgo, ni nada parecido… La curiosidad de eso que se aleja, curioseemos juntos.

Cada uno haciendo lo nuestro, pero compartiendo. El semental de la manada del Bosque de Riofrío (Segovia).

Todos los «caballistas» de El Paseo, generosamente, pie a tierra.

No es un paseo, es El Paseo. Ortigosa del Monte Segovia.

Nuestro equipo destila sosiego y contagia serenidad.

Acomodada en el lugar de aprendiz voy eligiendo maestros.

Mecenas

Roberto Pérez
Raúl Gil
Victoria Martinez Vazquez
Lula Baena
Alicia Berenguer Vigo
Silvia Fernández
Paola Alesci Naranjo
M.a Gómez Leira
Marta Perucho
Primaveraprimavera66
Mónica García-nieto Rivero
Patri Couceiro
Carmen Herrero Matesanz
María ángeles Mioño Fernández
Màbel De Creixent Amb Cavalls
Elena Ortigueira
Emilio Serrano Morales
Susana Plana
Silvia Galán Otero
Roberto Lazaro Martinez
Haydee Gutierrez Ruiz
Josele Navarro
Javier Buería Peluffo
Rkruizg
Beatriz Vemart
Laura Febrer Ribas
Javier Baena

Jlloygar
Alexandra Carré
Maralbyea
Lourdes Gutierrez Vega
Joan Quintas Toledo
Yuya Fernandez
Juanvilator
Reina Baltasara
Bianca Florido
Ana Novo
ágata Terapias Con Animales
Anahisoles
Raul Arriagada
Elina Salcedo
Ikerne Etxegarai Mendoza
Eva Del Olmo
Eva María Medina Blandón
Asoc. European Therapeutica Equitum
Mchato
Cbiberc
Gisela Krutzberg
Mila Sosa Canela
Info
Fernando A. Cordero Borboa
Assumpta Cribillers I Escolà
Arrateizagirre
Edgar Guerrero
Miguelpla
Mara Solano

David Barreda Carrillo
Irene Sanz Perucho
Carmen, Archivera
Ana Teresa
Inmaculada Lozano Garcia
Elena Pérez De Gracia
Jose Maria Navarro
Raquel Carrasco Mirás
Carlos Hdez Izqdo
Alfaexclusivemarta
Telvi
Martita_grajera@hotmail.es
Alfredo Requena Galipienso
Sara Mateu
Isabel Imbernón Barreiro
Lena C. López
Irene
Mabel Alvarez Llorente
Teresa Cotorruelo Rodriguez
Raquel Suela
María Baena Wehrmann
David Betancort
Frederique Trautwein
Isabel Fernandez Carnicero
Elisa Marti
Esthermartinezroca
Inés Fernández Barnosell
Juan Jesús López Alcaide
Gloria Fernández

M Carmen Moreno Ochaita
Luis Salazar
Carlos Baena Preysler
Claudia Gomez Castany
Pilar Moro Collado
Virginia Vf
David Muriel Caballoduende
Anselmoteverga
Yolandafeal
Mercedes
Raquel Lozano
Lourdes
Anairene_ricalde
Ajager
Mercedes Ibañez
Pmcorradini
Natalia Salgado
G. Alejandra Villegas Ruiz
Inmawary
Roberto Navarro
Eduardo Quintas
Iván Quintas
Araceli Anaid Cisneros Hernández
Mirta Pérez-varela Montes
Luarroyomoreno
Juan Daoiz Bodeguero
Alicia Herrera
Esperanza García Cuenca
María Luisa Montejo Pernas

Carmen Gonzalez
Inmaoctavio
Pat.927